JUSTIFICATION DES TIRAGES

DE LUXE

				Numéros.	
4	Exemplaires imprimés	sur parchemin	1	à	4
6	»	»	sur papier du Japon. .	5	à	10
10	»	»	sur papier de Chine. .	11	à	20
50	»	»	sur papier Whatman. .	21	à	50

TIRAGE IMPRIMÉ EN DEUX COULEURS

(Rouge minéral et bleu flore)

		Numéros.	
50	Exemplaires imprimés sur papier Whatman. .	51	à	100

CONNAISSANCES

NÉCESSAIRES

A UN

BIBLIOPHILE

PAR

ÉDOUARD ROUVEYRE

Membre et libraire correspondant de plusieurs Sociétés savantes,
Membre d'honneur et Éditeur de l'Académie poétique de France

TROISIÈME ÉDITION

REVUE, CORRIGÉE ET AUGMENTÉE

OUVRAGE ACCOMPAGNÉ DE SEPT PLANCHES ET DE CINQ
SPÉCIMENS DE PAPIER

PARIS

LIBRAIRIE ANCIENNE ET MODERNE

EDOUARD ROUVEYRE

1, Rue des Saints-Pères, 1

1879

L'UTILITÉ de cet ouvrage a été démontrée par son succès. C'est aux jeunes bibliophiles qu'il s'adresse particulièrement ; et, nous espérons que cette nouvelle édition aura le même accueil que ses aînées, dont un tirage de deux mille cinq cents exemplaires a été épuisé en l'espace de quelques mois.

Il nous a été sensible de constater avec quel empressement les bibliophiles ont bien voulu nous accorder leur confiance, et quel succès ont obtenu nos diverses publications, grâce un peu, il faut le dire, aux efforts constants que nous faisons chaque jour pour suivre le progrès remarquable des éditions d'amateurs, et des publications bibliographiques.

Certes, nous ne présentons pas les « Con-

naissances nécessaires à un Bibliophile, »
*comme un ouvrage sur lequel il n'y a pas
quelque critique à faire; mais, nous avons
la conviction d'avoir fait notre possible pour le
rendre aussi instructif qu'utile.*

*Nous accueillerons volontiers tous les rensei-
gnements que l'on voudra bien nous communiquer, nous estimant heureux d'avoir pu
obtenir de nos maîtres en bibliographie, des
témoignages d'encouragement, dont nous les
prions de vouloir bien recevoir ici nos respec-
tueux remercîments.*

Edouard Rouveyre

ANALYSE DES CHAPITRES

I

*Etablissement d'une bibliothèque d'amateur,
conservation et entretien des livres.*

Signification du mot bibliothèque. Son emploi.
Bibliothèque de l'amateur. Son exposition et son
emplacement. Opinion de Nodier, Caillot et
Peignot. Local choisi, sans humidité, ni poussière. Préservation de la bibliothèque. Soins à
lui donner. Conservation des livres et des reliures. Conservation intérieure d'un livre. Moyens
de prétendus bibliophiles dépourvus de tout
bon sens pour s'assurer la possession d'un
livre. Manière de tenir un livre. Richard de
Bury et son *Philobiblion, Tractatus pulcherimus
de amore librorum.* Jules Janin et l'*Amour
des livres.* Bois à employer pour la construction
d'une bibliothèque. Tablettes de bibliothèque.
Désordre évité dans le placement des livres.
Variation des formats, mélange de vieux livres
et de livres nouveaux. Elément d'une biblio-

a

thèque. Détail d'un meuble destiné à recevoir des livres précieux. Naudé et son *Advis pour dresser une bibliothèque*. Situation et place où l'on doit bâtir ou choisir un lieu propre pour une bibliothèque. Ornement et décoration que l'on doit y apporter. Le livre devenu bijou. Qu'est-ce qu'un amateur ? Place d'honneur du livre. Choix à faire dans la masse des livres.

II

Format des livres.

Ignorance des formats, sources d'erreurs bibliographiques graves. Format. D'où tire son nom. Imprimeur emploie papier plus grand ou plus petit ou imprime par demi-feuille. Petits formats offrent des doutes. Moyens de les connaître. Pontuseaux, vergeures, marques d'eau, réclame, signature. *Quid?* Pliage de la feuille dans chaque format. Combien de pages. Table des dénominations de formats. Ordre des signatures ou premiers chiffres pour tous formats, par feuille et par demi-feuille. Connaissance certaine des formats à la simple inspection du livre. Format et noms des divers papiers qui sont le plus ordinairement employés. Tableaux (19) des impositions les plus usitées. Feuille produit toujours le double des formats cités.

III

Reliure des livres.

Reliure vélin de Hollande. Reliure à la grecque. Reliure dos brisé. Demi-Reliure. Cartonnage Bra-

del. Robe de chambre du livre. Demi-reliure toile.
Livre relié selon son esprit. Choix d'un relieur,
chose importante. Magnifique reliure, recommandation d'un livre médiocre. Reliure d'amateur.
Sa description. Amateurs et relieurs du xviiie siècle.
Dorure des livres. Conditions d'une bonne reliure.
Temps nécessaire au relieur. Livres nouveaux
achetés brochés, pourquoi ? Recommandations à
faire au relieur. Régularité de la pliure. Livre
trop battu. Couture, point capital de la reliure.
Précaution prise par quelques amateurs. Intégrité
des marges, précieuse. Notes marginales, à conserver. Couverture des livres. Choix des couleurs.
Titre inscrit sur le dos du volume, rédigé d'avance.
Reliure *parlante*. Remarques à propos des signets.
Est-il mieux de faire relier, en reliure pleine ou
en demi-reliure, un livre que l'on veut conserver
non rogné. Conseil d'un bibliophile italien. Notre
avis. Opinion sur la reliure et sur la demi-
reliure. Choix des peaux (basane, maroquin,
chagrin). Livres imprimés sur vélin. Soins qu'ils
exigent. Des marques et devises·mises à leurs
livres par un grand nombre d'amateurs. Emploi
de l'ex-libris. Principal mérite de la devise.
Vignettes de bibliophiles. Reliure des livres anciens
à conserver, pourquoi ? Titre de noblesse du livre.
Distinction de reliure de Mesdames de France,
Filles de Louis XV. Physionomie des livres
anciens. En quoi elle consiste. Reliure considérée
comme objet d'art. Ouvrage ancien relié à nouveau. De la reliure des xviie et xviiie siècles et de
celle de notre époque. Heureux résultat du
Manuel du libraire et de l'amateur de livres de
J.-Ch. Brunet. Ardent amour de Jer. de Bosch
pour les beaux livres. Des fausses marges dans
les livres tirés sur papiers de choix. Monstrueuses

inégalités. Faut-il les faire tomber à la reliure.
Opinion du bibliophile Jacob et de la Fizelière.
Spécimens des différents papiers employés dans
l'impression de nos éditions de bibliophiles
(Japon, Chine, Whatman, Vergé, Vergé teinté).

IV

Moyen de préserver les livres des insectes.

Ennemis de la bibliothèque. Insectes. Humidité.
Rats. . . . . . et emprunteurs. Opinion de
J. Janin sur ces derniers. Pline, son moyen pour
éloigner les souris. Insectes, fléau des bibliothèques. Lesquels ? Observations et opinions de
Ch. Mentzelius, Prediger, d'Alembert, Fabbroni,
Boulard, Peignot, Lesné, Nodier, etc. Magnifique
bibliothèque ravagée par les dermestes. Exemple.
Quels moyens employés pour les détruire, Nodier,
son curieux et intéressant préservatif contre les
insectes. Reliures, berceaux des vers. Lesquelles ?
Reliures éloignant les vers. Lesquelles ? Expérience de quatre siècles. Goût fatal des mites pour
les livres. La cause. Moyens d'y remédier. Odeurs
mortelles pour les insectes. Lesquelles ? Duchêne
aîné, son moyen proposé à la Bibliothèque du
Roi. Conservation de livres dans des meubles
très altérés. Insectes, fléau du Levant. Manuscrits
tombant en poussière. Conseil aux bibliophiles.

V

Des souscriptions et de la date.

Souscription. *Quid?* Souscriptions en vers et en
prose. Souscriptions manuscrites. Fraudes et

erreurs. Date écrite de plusieurs manières. Chiffres romains ou arabes. Connaissance des chiffres romains. Tableau des chiffres romains. Combinaisons employées par les imprimeurs pour diminuer la valeur de ces chiffres numériques. Ouvrages imprimés en Hollande, la manière dont leur date est écrite. Dates difficiles à deviner. Exemples. Dates écrites en toutes lettres. Dates différentes sur le titre et à la fin d'un ouvrage, source d'erreurs. Ouvrage ne portant ni date, ni désignation de ville, ni nom d'imprimeur. Fausseté de dates. Erreurs ou fraudes.

VI

Collation des livres.

Avis aux amateurs. Ouvrage complet. Quand ? Collation avant la reliure comme après. Chose nécessaire. Pourquoi. Livres du xve siècle, difficiles à collationner. Comment ? Collationnement des livres des xvie, xviie, xviiie, xixe siècles. Chiffres de pagination, réclames, registres. *Quid?* Manière expéditive de collationner. Ouvrages à figures. Nombre et qualité. En quoi consiste. Figures tirées en couleur. Attention à y apporter. Ouvrages composés de plusieurs pièces. Livres à carton. Ouvrages terminés. Suite publiée après. Exemple.

VII

Des signes distinctifs des anciennes éditions.

Absence des titres sur une feuille séparée. Lettres capitales. Virgules et points-virgules. Figura-

tion de la virgule dans les anciennes éditions.
Inégalité et grossièreté des types. Manque de
chiffres de pagination, signatures et réclames.
Solidité et épaisseur du papier. Abréviations.

VIII

*Abréviations usitées dans les catalogues
pour indiquer les conditions.*

Utilité de ce chapitre. Langue particulière de la
bibliographie. Abréviations. A quoi servent?
Moyen de les connaître. Table des abréviations
bibliographiques. Quelques exemples.

IX

*De la connaissance et de l'amour des livres.
De leurs divers degrés de rareté.*

Difficulté de trouver des livres. Deux sortes de
livres rares. Rareté absolue et rareté relative. *Des
livres dont la rareté est absolue* (ouvrages tirés à
petit nombre, ou supprimés, ou détruits, ou non
achevés, ou imprimés sur un papier spécial). *Des
livres dont la rareté est relative* (grands ouvrages,
pièces volantes, histoires particulières des villes,
histoires des académies et sociétés littéraires, vies
des savants, catalogues des bibliothèques publiques et particulières, livres de pure critique...
d'antiquités... arts curieux... livres écrits en langues
peu connues... *les livres condamnés,* arts superstitieux, livres paradoxes ou hétérodoxes, livres

obscènes, livres séditieux). *Des éditions dont la rareté est relative* (éditions faites sur des manuscrits anciens, les premières éditions de chaque ville, éditions faites chez les célèbres imprimeurs des xvie, xviie et xviiie siècles, éditions imprimées avec lettres et caractères extraordinaires, éditions qui n'ont jamais été mises en vente, éditions débitées sous différents titres).

X

Moyens à employer pour détacher, laver et encoller les livres, procédés divers pour l'arrangement et la restauration des estampes et des livres, papier et parchemin. Réparation de la dorure des anciennes reliures et de celle des manuscrits.

Procédés divers pour l'arrangement et la restauration des estampes et des livres. Précautions à prendre et procédés à employer pour dérelier un volume que l'on veut laver ou nettoyer. Manière de retirer d'un volume relié un seul feuillet qui doit être lavé. *Taches grasses.* Taches de suif, de stéarine, de graisse, taches produites par l'attouchement des doigts, l'huile, l'encre d'impression. *Taches maigres.* Taches de rouille, de boue, de cire à cacheter, d'encre usuelle, d'humidité, de poussière. Manière de nettoyer les estampes jaunes et rousses. *Lavage et encollage des livres.* Encollage à chaud et à froid, sa préparation et son emploi. *Du dédoublage et du raccommodage des estampes. Réparation de la dorure des anciennes reliures et de celle des manuscrits. Réparation des piqûres de vers, des déchirures et des cassures dans le parchemin et dans le papier. Procédé pour renou-*

veler une estampe et la transporter d'une feuille sur une autre. Moyen de rendre la fraîcheur aux estampes, suivant le Père Orlandi. Du dédoublage des estampes. Manière de s'y prendre. Soins à employer. Application des estampes sur du carton ou sur la toile. Colle également répandue. *Raccommodage des estampes.* Dessin repris avec la plume. Estampe déchirée, merveilleusement raccommodée. *Réparation de la dorure des anciennes reliures et de celle des manuscrits.* Imitation des anciennes dorures. Préparation du mordant et sa fluidité. Son emploi. Application de l'or. Dorures flexibles sur le papier et sur le parchemin. *Réparation des piqûres de vers, des déchirures et des cassures dans le parchemin et dans le papier.* Piqûres de vers disparues. Deux procédés employés. Lesquels ? Déchirures réparées. Quelle colle à employer ? Cassure (enlèvement du morceau de papier) réparée avec attention et adresse ; impossibilité d'en reconnaître la place. Procédé simple et pratique. Quel papier et quelle colle à employer pour cette réparation ?

ÉTABLISSEMENT

D'UNE

BIBLIOTHÈQUE D'AMATEUR

CONSERVATION ET ENTRETIEN DES LIVRES

LE mot Bibliothèque, formé de *biblion*, livre, et de *thêkê*, armoire, peut être pris dans plusieurs sens. Il signifie, soit une collection de livres rangés dans un ordre quelconque sur des tablettes ou rayons, à découvert ou enfermés dans des armoires à vitraux ou à grillages, soit un édifice construit pour recevoir une grande collection de livres, soit un recueil, un assemblage de livres, une compilation d'ouvrages traitant d'une même

I

matière ou formant un ensemble. Mais, selon le sens littéral du mot, Bibliothèque signifie un lieu destiné pour y mettre des livres, une salle plus ou moins vaste, avec des tablettes ou avec des armoires où les livres sont rangés sous différentes classes. Nous ne nous occuperons ici que du meuble à tablettes dans lequel sont rangés les livres d'une collection *, désigné aussi sous le nom de bibliothèque ; plus loin, nous parlerons de la disposition du lieu où on doit garder les livres et quels doivent être l'ornement et la décoration que l'on doit y apporter.

C'est, enfin, la *bibliothèque d'amateur* que nous désignerons lorsque nous emploierons le mot Bibliothèque.

Nous n'entreprendrons pas l'histoire des bibliothèques particulières **, cela sortirait

---

* Les livres placés sans ordre, les uns après les autres, forment une collection et non pas une bibliothèque.

** Les bibliothèques particulières sont circonscrites par la fortune, le goût et les études de prédilection de ceux qui les forment.

du cadre que nous nous sommes tracé ; mais, comme cette histoire des bibliothèques particulières doit intéresser nos lecteurs, il nous a paru utile d'en entreprendre la publication. Ce travail paraîtra par parties séparées, qui, réunies, formeront un tout. Chaque partie formera un volume du format de celui des « *Connaissances nécessaires à un Bibliophile* » et aura environ 200 à 250 pages. Nous invitons instamment MM. les bibliothécaires et MM. les amateurs à nous transmettre des notes sur leurs bibliothèques et sur leurs collections particulières. Ces notes nous sont indispensables pour mener à bonne fin un travail qui ne pourra être utile qu'à la condition d'être exact. Le plan détaillé de cette publication, véritable monument élevé à la gloire du *Livre*, se trouve à la fin du présent ouvrage.

Une chose essentielle à considérer dans l'établissement d'une bibliothèque, ont dit Peignot, Caillot et Nodier, c'est son exposition et son emplacement ; il est urgent de la mettre dans une salle qui se trouve du côté du soleil levant *, l'aspect du midi favorisant la naissance et le développement des insectes, l'aspect du couchant rendant la bibliothèque humide et exposant les livres à la moisissure. L'humidité, en attaquant peu à peu les feuillets, finit par gâter le livre entièrement. Ce sont là de graves inconvénients qu'il faut éviter à tout prix.

Le local dans lequel on veut placer une bibliothèque doit jouir d'un beau jour, être exempt de toute humidité et tenu très proprement. Il faut éviter que la bibliothèque soit exposée aux ardeurs du soleil et que le local dans lequel elle est placée soit voisin d'un réservoir. Un premier ou même un étage plus élevé est préférable à un rez-de-chaussée **.

On préserve une bibliothèque de l'hu-

---

* Vitruvius, chap. III, art. 2.

** Sur un exemplaire de l' « Amour des livres » (Vente Benzon, n° 398) se trouve le quatrain ci-dessous, autographe de Jules Janin :

> « Pour peu qu'il soit tenu loin du chaud et du frais,
> Qu'on y porte une main blanche et respectueuse,
> Que le lecteur soit calme et la lectrice heureuse.....
> Un livre est un ami qui ne change jamais. »

midité, toujours à craindre en un certain temps de l'année, en en garnissant le fond d'un bon parquet de lambris parfaitement joints ; ensuite, en ayant soin de la tenir à une distance plus ou moins grande du mur, selon que ce mur est plus ou moins sec ; et, si l'on veut éviter toute crainte à cet égard, en faisant donner au mur deux ou trois couches à l'huile bouillante, ce qui l'empêche de suer.

Il faut donner de l'air à la pièce aussi souvent que le temps est beau, et alors ouvrir les battants de la bibliothèque pour que l'air puisse se renouveler ; mais il faut éviter de les laisser ouverts le soir, parce que les papillons pourraient s'y introduire et y déposer leurs œufs.

On doit épousseter les livres, les tablettes et la bibliothèque une fois par trimestre et chercher à garantir les livres de la poussière, parce que non-seulement elle ternit les reliures et enlève leur fraîcheur, mais encore elle favorise le développement des insectes. Il faut aussi battre les volumes une ou deux fois par an, en les frappant fortement l'un contre l'autre, ensuite les essuyer avec un linge bien doux.

La conservation intérieure d'un livre demande encore un soin que, malheureusement, on néglige trop souvent. Après avoir pris un livre dans une bibliothèque, il ne faut pas l'ouvrir sans s'assurer que la tranche supérieure n'est pas couverte de poussière. Dans le cas contraire, si c'est un volume dont la tranche soit unie, l'essuyer avec un linge ou simplement souffler dessus ; si c'est un livre dont la tranche soit non rognée, la brosser avec une brosse un peu dure ; de cette façon, en ouvrant le volume, on n'a plus à craindre la poussière, qui, avant cette petite opération, aurait pu s'introduire dans l'intérieur du volume et le tacher.

Combien de prétendus bibliophiles emploient, pour s'assurer la possession d'un livre, même rare et précieux, des moyens dépourvus de tout bon sens. Nous avons vu, de nos yeux vu, des livres dont le titre et même plusieurs pages étaient

tachés par une abominable estampille
(armes, inscriptions ou signature), le plus
souvent faite avec une encre grasse ineffaçable (parbleu!), ou bien encore, au
moyen d'un timbre sec. D'autres, et nous
parlons encore de visu, ne se sont-ils pas
avisés de salir leurs livres et d'affirmer
leur goût en mettant sur le titre de ces
malheureux bouquins, qui n'en peuvent
mais, un cachet à la cire. Une estampille
à l'encre grasse ou faite avec un timbre
sec passe encore , mais , employer la
cire à cacheter! mieux vaudrait que ces
prétendus bibliophiles n'achetassent jamais
de livres.

Autant l'estampille est *utile* pour une
bibliothèque publique, autant elle doit être
exclue de toute collection particulière. Les
véritables amateurs n'ont-ils pas pour eux
l'*ex-libris* qui se colle au verso du premier
plat de la reliure. Quoi de plus élégant
que cette marque, et combien elle est
preuve de haut goût! Nous parlerons plus
longuement de l'emploi de l'*ex-libris* au
chapitre DE LA RELIURE.

Peu de personnes savent tenir convenablement un livre et en avoir le soin qu'il serait à désirer. « C'est chose digne de pitié, s'écrie M. Darche, dans son *Essai sur la lecture*, de voir certains lecteurs tenir leur livre d'une main par le milieu ou le poser sur les genoux sans y toucher, quitte à le ramasser s'il vient à tomber, ou sur une table un peu trop malpropre, ou, ce qui abîme beaucoup le livre, le poser sur la table, avec l'un des coudes appuyé sur les feuillets d'un côté du livre et l'autre de l'autre côté : d'où il arrive que l'on fatigue beaucoup les reliures, si toutefois on n'en brise pas les ligatures !

« Tout livre,... dès qu'il est admis à notre intimité, a un droit acquis à notre estime, à notre affection et à notre respect. Or, ce n'est point estimer, ni affectionner, ni respecter un livre que de le tenir si mal... »

Richard de Bury, dans son *Philobiblion, Tractatus pulcherrimus de amore librorum*, dont M. H. Cocheris nous a donné une excellente traduction, avec des notes aussi intéressantes que nombreuses, s'emporte avec plus d'indignation contre les étudiants sur les diverses négligences qu'ils pourraient toujours facilement éviter, et qui nuisent considérablement aux livres.

Il nous a paru curieux de reproduire ici ce passage, bien que nous nous adressions à des bibliophiles dignes de ce nom. Il y a là, dans cette diatribe, à prendre et à laisser. Nous suivons littéralement la traduction de M. Cocheris, faire mieux eût été impossible.

« D'abord qu'ils mettent (les étudiants) une sage mesure, en ouvrant ou en fermant les livres, afin que la lecture terminée, ils ne les rompent pas par une précipitation inconsidérée, et qu'ils ne les quittent point avant de remettre le fermoir qui leur est dû. Car il convient de conserver avec plus de soin un livre qu'un soulier.

« Il existe, en effet, une gente écolière fort mal élevée en général, et qui, si elle n'était pas retenue par les règlements des supérieurs, deviendrait bientôt fière de sa sotte ignorance. Ils agissent avec effronterie, sont gonflés d'orgueil et quoiqu'ils soient inexpérimentés en tout, ils jugent de tout avec aplomb.

« Vous verrez peut être un jeune écervelé, flânant nonchalamment à l'étude, et tandis qu'il est transi par le froid de l'hiver, et que comprimé par la gelée son nez humide dégoutte, ne pas daigner s'essuyer avec son mouchoir avant d'avoir humecté de sa morve honteuse le livre qui est au-dessous de lui. Plût aux dieux qu'à la place de ce manuscrit on lui eût donné un tablier de savetier ! Il a un ongle de géant, parfumé d'une odeur puante, avec lequel il marque l'endroit d'un plaisant passage. Il distribue, à différentes places, une quantité innombrable de fétus avec les bouts en vue, de manière à ce que la paille lui rappelle ce que sa mémoire ne peut retenir. Ces fétus de paille que le ventre du livre ne digère pas et que personne ne retire, font sortir d'abord le livre de ses joints habituels, et ensuite, laissés avec insouciance dans l'oubli, finissent par se pourrir. Il n'est pas honteux de manger du fruit ou du fromage sur son livre ouvert et de promener mollement son verre tantôt sur

une page tantôt sur une autre, et, comme
il n'a pas son aumônière à la main, il y
laisse les restes de ses morceaux. Il ne cesse
dans son bavardage continuel d'aboyer
contre ses camarades et, tandis qu'il leur
débite une foule de raisons vides de tout
sens philosophique, il arrose de sa salive
son livre ouvert sur ses genoux. Quoi de
plus! Aussitôt il appuie ses coudes sur le
volume et, par une courte étude, attire un
long sommeil; enfin, pour réparer les plis
qu'il vient de faire, il roule les marges des
feuillets, au grand préjudice du livre.

« Mais la pluie cesse et déjà les fleurs ap-
paraissent sur la terre; alors notre écolier,
qui néglige beaucoup plus les livres qu'il ne
les regarde, remplit son volume de vio-
lettes, de primevères, de roses et de feuilles;
alors il se servira de ses mains moites et humides de sueur pour tourner les feuillets;
alors il touchera de ses gants sales le blanc
parchemin, et parcourra les lignes de chaque
page avec son index recouvert d'un vieux
cuir; alors en sentant le dard d'une puce
qui le mord, il jettera au loin le livre sacré,

qui reste ouvert pendant un mois, et est ainsi tellement rempli de poussière qu'il n'obéit plus aux efforts de celui qui veut le fermer.

« Il y a aussi des jeunes gens impudents auxquels on devrait défendre spécialement de toucher aux livres, et qui, lorsqu'ils ont appris à faire des lettres ornées, commencent vite à devenir les glossateurs des magnifiques volumes que l'on veut bien leur communiquer, et où se voyait autrefois une grande marge autour du texte, on aperçoit un monstrueux alphabet ou toute autre frivolité qui se présente à leur imagination et que leur pinceau cynique a la hardiesse de reproduire. Là un latiniste, là un sophiste, ici quelques scribes ignorants font montre de l'aptitude de leur plume, et c'est ainsi que nous voyons très fréquemment les plus beaux manuscrits perdre de leur valeur et de leur utilité.

« Il y a également de certains voleurs qui mutilent considérablement les livres, et qui pour écrire leurs lettres, coupent les marges des feuillets en ne laissant que le texte, ils arrachent même les feuilles de garde pour en user ou en abuser. Ce genre de sacrilége devrait être défendu sous peine d'anathème.

« Enfin, il sied à l'honnêteté des écoliers de se laver les mains en sortant du réfectoire, afin que leurs doigts graisseux ne tachent point le signet du livre ou le feuillet qu'ils tournent. De plus, que l'enfant larmoyant n'admire point les miniatures des lettres capitales, de peur qu'il ne pollue le parchemin de ses mains humides, car il touche de suite à ce qu'il voit.

« Que désormais les laïcs, qui regardent indifféremment un livre renversé comme s'il était ouvert devant eux dans son sens naturel, soient complétement indignes de tout commerce avec les livres. Que le clerc couvert de cendres, tout puant de son pot-au-feu, ait soin de ne pas toucher, sans s'être lavé, aux feuillets des livres ; mais que celui qui vit sans tache ait la garde des livres précieux*.

---

* Psaume xiv, 2.

« La propreté des mains, à moins qu'elles ne soient galeuses ou couvertes de pustules, convient aussi bien aux écoliers qu'aux livres. Toutes les fois que l'on remarque un défaut dans un livre, il faut y porter remède au plus tôt, car rien ne grandit plus vite qu'une déchirure, et la fracture qui est négligée un moment ne se répare dans la suite qu'avec dépens. »

Certes, ce que Richard de Bury disait des écoliers de son temps peut bien un peu s'appliquer à ceux du nôtre. Il y a là de bons conseils à l'usage de la gent écolière qui peuvent s'appliquer à plus d'un jeune bibliophile. Que celui qui est sans péché leur jette la première pierre...

Ecoutons encore Janin, l'écrivain à qui nous devons « l'Amour des livres », perle introuvable aujoud'hui.

« Nous avons naturellement en grande horreur et dans le plus profond mépris, disait-il, les bonnes gens qui vont disant : « Ma foi ! que le livre soit riche ou pauvre, entier ou déchiré, qu'il ait appartenu à

madame de Sévigné ou à Bélise; qu'il sente
l'œillet ou le graillon, l'ambre des courti-
sanes ou le parfum léger de l'honnête
femme, c'est toujours un livre... Et peu
m'importe, après tout, qu'il vienne du
Louvre ou du Pont-Neuf! » O l'exécrable
opinion! la monstruosité misérable! Et
quoi de plus bête, enfin, que ces façons de
lire et d'agir? — Ça vous est égal, messieurs les lecteurs sans odorat, de tenir
dans vos mains mal lavées un bouquin
taché de lie, où la fille errante et le laquais
fangeux ont laissé la trace ineffaçable de
leurs doigts malpropres et de leur tête
mal peignée? Ça vous est égal de feuilleter
une sentine et de respirer à chaque page
une abominable exhalaison d'écurie ou de
mauvais lieu?

« Ces tristes messieurs et ces sottes fem-
mes, les non difficiles, appellent « livre »
une loque infecte, un haillon qui n'a plus
de nom dans aucune langue. Ah fi! je ne
voudrais pas lire dans ces pages souillées
même les plus belles pages de l'esprit humain. Non! pas même Priam aux pieds

d'Achille et pleurant « sur les mains qui ont tué son fils », Euripide amenant Iphigénie à l'autel, Anacréon sous sa vigne ou le cyclope de Théocrite contemplant les flots de ton rivage, ô Sicile.

« Il n'y a rien de beau et de bon, rien d'héroïque et de grand dans un livre humilié, sali, plein de vilenies et d'immondices, voire dans quelqu'une de ces publications achetées par un idiot, doré sur tranche (on parle ici du livre et non pas de l'homme), ou toute autre impureté ; et quiconque nous dira ce refrain bête : « Ça m'est égal ! » celui-là ne sait pas lire.

« Il n'a lu que des journaux de cabaret, des romans de cabinet de lecture ou l'histoire de Cartouche et de Mandrin.

« Demandez-lui en même temps si ça lui est égal de donner le bras à quelque femme suspecte, qui s'en va par la rue en traînant la savate, le jupon crotté et le nez au vent. Demandez-lui si ça lui est égal, à lui-même, une tache à son habit et des trous à ses bottes. Pourtant la honte est la même, et plus grande encore, à posséder

dans un coin de sa chambre un tas de pro-
tervies en guise de bibliothèque, dont le
chiffonnier ne voudrait pas.

« Non, non, les honnêtes gens, les gens
qui se respectent ne tomberont jamais
dans la possession de ces livres crapuleux.
Ils les laisseront dans leur fange et dans
leur abomination, non loin des cartonnages
de ces bandits armés du ciseau, qui ont
causé plus de dégâts que les ravageurs
armés de la torche. — Un digne ami des
livres respectera ses heures d'étude et de
loisir ; il se croira tout simplement désho-
noré de réunir tant de souillures, en de si
tristes enveloppes, à toutes les fleurs du
bel esprit. Il faut à l'homme sage et studieux un tome honorable et digne de sa
louange. Il ne saurait s'accommoder de ces
imprimeries bâtardes, où le hasard est le
prote, où l'aventure est la brocheuse, où
le relieur compte sur la marge, ajoutée au
prix de son travail ; où rien ne tient, ni le
papier, ni l'encre, et pas même le fil cou-
sant l'un à l'autre ces feuillets où l'esprit
fait une tache, où le génie est un trou.

3

« Ces réimpressions de nos chefs-d'œuvre, pleines de fautes, disons mieux, pleines de crimes, il y a pourtant des gens qui les achètent et qui les font relier en basane par des cordonniers manqués dont on fait des relieurs ! Ces livres ainsi bâtis, qui puent la colle et l'œuf pourri, que le ver dévore, et qui tournent au jaunâtre, grâce aux ingrédients de paille et de bois pourris par lesquels le chiffon de toile est remplacé, ces misérables in-octavo, l'exécration du genre humain lettré, il y a cinquante imbéciles, cinquante ignorants, autant d'usuriers, plusieurs idiots, vingt repris de justice, et de graves filles de joie un peu lettrées, sans compter une douzaine de marquises de nouvelle édition, qui les enferment avec soin dans une bibliothèque richement sculptée.

« Elles ferment leur bibliothèque à la clef, et à double tour, comme si quelqu'un voulait leur dérober leur Voltaire en quatre-vingts volumes; leur Jean-Jacques Rousseau-Touquet, leur Buffon, leur d'Alembert, leur Biographie infamante, et le monceau de romans en vingt tomes illustrés par les illustrateurs du Juif-Errant ou de Crédit est mort ! — « C'est un ornement, disent-elles, une bibliothèque, et ça peut servir. » — Ça ne sert qu'à te déshonorer et à prouver que tu es un imbécile, ignorant et mauvais lecteur que tu es ! »

. . . .

Nous ne nous étendrons pas sur la forme et l'ornement que doit avoir une bibliothèque, c'est la fortune et surtout le goût du propriétaire qui doivent en décider. Nous ne ferons qu'indiquer les conditions essentielles nécessaires à la conservation des livres.

Pour la construction d'une bibliothèque destinée à recevoir des livres dits d'amateurs, il est urgent de prendre du bois de cèdre, du cyprès, du mahogon, de l'ébène, du sandal ou au moins du *chêne très sec* et très sain. Les bois très compactes ou très fortement aromatisés sont ceux que les insectes ne parviennent pas à percer.

Les dimensions à observer en faisant

dresser les ais traversants, soutenus par des montants, et que l'on nomme tablettes de bibliothèque, dépendent du nombre des volumes, de la différence des formats et de la quantité des ouvrages de chaque format que devra contenir la bibliothèque. En faisant supporter les tablettes par des crémaillères, on en peut varier la distance à volonté. Pour l'épaisseur des tablettes, il est bon d'observer quelle en est la longueur et quelle quantité de livres elles auront à supporter.

Une variation de formats offre un aspect agréable; mais, pour éviter le désordre que pourrait occasionner un accroissement de livres et pour épargner l'espace, il est nécessaire surtout dans une bibliothèque d'amateur (où il n'est pas de rigueur d'adopter la classification systématique) de les placer d'après leurs formats :

1° Les in-folio dans les rayons inférieurs ;

2° Les in-4° au-dessus ;

3° Les in-8°, in-18, in-32, etc., dans les rayons supérieurs.

Les in-folio oblong se placent parmi les
in-4°, les in-4° oblong se placent parmi les
in-8°, le petit in-4° parmi les in-4°. Si plusieurs ouvrages sont reliés ensemble, on
place le livre dans la classe où appartient
celui qui se trouve le premier.

Lorsque, dans un volume quelconque,
on fait intercaler du papier blanc plus
grand que le texte, on place le livre d'après
le format du papier intercalé ; cependant
on peut opérer très heureusement le rap-
prochement de certains livres d'un format
différent sans être trop contraire. Mais
alors, la grâce qui doit présider à cet
arrangement ne s'enseigne pas ; c'est, en
un mot, quelque chose que l'on pratique
d'instinct.

On doit avoir l'attention de laisser entre
chaque rang de livres et la tablette supérieure un intervalle suffisant pour pouvoir
tirer chaque volume sans difficulté ; et il
faut surtout ne pas trop serrer les livres,
afin que l'air puisse circuler autour et que
le frottement, en les tirant, n'altère pas
l'éclat de la reliure.

« L'aspect d'une bibliothèque, a dit Tenant de Latour dans un ouvrage charmant, *Mémoires d'un Bibliophile,* saisit plus agréablement la vue par le mélange de vieux livres et de livres nouveaux que ne le ferait une réunion de livres entièrement neufs. Les vélins blancs font merveilleusement à côté des maroquins et des cuirs de Russie les mieux traités.

« Une reliure de Derome ou de Padeloup et de plus anciens qu'eux forme en même temps un agréable accord et un heureux contraste avec des reliures plus modernes.

« Enfin, l'élément extérieur d'une bibliothèque d'amateur, quelque austère qu'elle puisse être en elle-même, doit réunir les différentes conditions exigées dans tout ce qui est plus ou moins destiné à frapper les yeux ; et, sans contredit, la première de toutes est une heureuse variété. »

Le meuble destiné à contenir des livres précieux doit répondre par son extérieur à leur magnificence. « Un tel meuble, dit Peignot, sera en bois précieux ; sa forme joindra l'élégance à la solidité ; mais il ne faut

pas qu'il soit surchargé d'ornements trop
saillants. Les portes, garnies de quatre
glaces, seront travaillées si délicatement
qu'elles ne masqueront pour ainsi dire pas
la vue des livres; les deux glaces de
chaque porte seront séparées par une baguette à coulisse en cuivre ou en acier.
Les tablettes devront être garnies de maroquin brun et la tranche apparente de
ces tablettes ornée d'arabesques en or.
Cette garniture serait moins un objet de
luxe qu'une précaution nécessaire pour
garantir le bas de la reliure des livres, qui
à la longue s'altère, étant frottée sur le
bois toutes les fois qu'on déplace et qu'on
replace un volume. Il serait également
essentiel de faire couvrir en peau de couleur l'intérieur de ce petit meuble, c'est-
à-dire le parquet vertical du fond, destiné
à empêcher les livres de toucher le mur.
Cette précaution préserverait davantage les
livres de la poussière et de l'humidité. »

Naudé, dans son « Advis pour dresser
une Bibliothèque », advis dans lequel nous
ne trouvons que ce qui suit qui puisse être

utile aujourd'hui, donne une excellente description de la disposition d'une bibliothèque, en tant que local, et quels doivent être l'ornement et la décoration que l'on doit y apporter.

« Pour ce qui est donc de la situation et de la place où l'on doit bastir ou choisir un lieu propre pour une Bibliothèque, il semble que ce commun dire,

Carmina secessum scribentis et otia quærunt,

nous doive obliger à le prendre dans une partie de la maison plus reculée du bruit et du tracas, non seulement de ceux de dehors, mais aussi de la famille et des domestiques, en l'éloignant des rues, de la cuisine, sale du commun, et lieux semblables, pour la mettre s'il est possible entre quelque grande cour et un beau jardin où elle ait son jour libre, ses veues bien estendues et agréables, son air pur, sans infection de marets, cloaques, fumiers, et toute la disposition de son bastiment si bien conduite et ordonnée, qu'elle ne participe aucune disgrace ou incommodité manifeste.

« Or, pour en venir à bout avec plus de plaisir et moins de peine, il sera toujours à propos de la placer dans des estages du milieu, afin que la fraischeur de la terre n'engendre point le remugle, qui est une certaine pourriture qui s'attache insensiblement aux livres ; et que les greniers et chambres d'en haut servent pour l'empescher d'estre aussi susceptible des intempéries de l'air, comme sont celles qui pour avoir leurs couvertures basses ressentent facilement l'incommodité des pluyes, neiges et grandes chaleurs. Ce que s'il n'est pas autrement facile d'observer, au moins faut-il prendre garde qu'elles soient élevées de la hauteur de quatre ou cinq degrez, comme j'ay remarqué que l'estoit l'Ambroisienne à Milan, et le plus haut exhaussées que l'on pourra, tant à raison de la beauté que pour obvier aux incommodités susdites : sinon le lieu se trouvant humide et mal situé, il faudra avoir recours ou à la natte, ou aux tapisseries pour garnir les murailles, et au poisle ou bien à la cheminée, dans laquelle on ne

4

bruslera que du bois qui fume peu pour l'eschauffer et desseicher pendant l'Hyver et les jours des autres saisons qui seront plus humides.

« Mais il semble que toutes ces difficultez et circonstances ne soient rien au prix de celles qu'il faut observer pour donner jour et percer bien à propos une Bibliothèque, tant à cause de l'importance qu'il y a qu'elle soit bien esclairée jusques à ses coins plus éloignez, qu'aussi pour la diverse nature des vents qui doivent y souffler d'ordinaire, et qui produisent des effects aussi différents que le sont leurs qualitez et les lieux par où ils passent. Sur quoy je dis que deux choses sont à observer : — la première, que les croisées et fenestres de la Bibliothèque (quand elle sera percée des deux costez) ne se regardent diamétralement, sinon celles qui donneront jour à quelque table ; d'autant que par ce moyen les jours ne s'esvanoüyssant au dehors, le lieu en demeure beaucoup mieux esclairé. — La seconde, que les principales ouvertures soit toûsjours vers

l'Orient, tant à cause du jour que la Bibliothèque en pourra recevoir de bon matin,
qu'à l'occasion des vents qui soufflent de
ce costé, lesquels estans chauds et secs de
leur nature rendent l'air grandement tem-
péré, fortifient les sens, subtilisent les hu-
meurs, espurent les esprits, conservent
nostre bonne disposition, corrigent la mauvaise, et pour dire en un mot sont très
sains et salubres : où au contraire ceux
qui soufflent du costé de l'Occident sont
plus fascheux et nuisibles, et les Méridio-
naux plus dangereux que tous les autres,
parce qu'estans chauds et humides ils disposent toutes choses à pourriture, grossis-
sent l'air, nourrissent les vers, engendrent
la vermine, formentent et entretiennent les
maladies, et nous disposent à en recevoir
de nouvelles; aussi sont-ils appelez par
Hippocrate, *Austri auditum hebetantes, cali-
ginosi, caput gravantes, pigri, dissolventes,*
parce qu'ils remplissent la teste de certaines
vapeurs et humiditez qui espaississent les
esprits, relaschent les nerfs, bouschent les
conduits, offusquent les sens, et nous ren-

dent paresseux et presque inhabiles à toutes
sortes d'actions. C'est pourquoy au défaut
des premiers il faudra avoir recours à ceux
qui soufflent du Septentrion, et qui par le
moyen de leurs qualitez froide et seiche
n'engendrent aucune humidité, et conservent assez bien les livres et papiers. .

. . . .

« Pour l'ornement et la décoration que
l'on y doit apporter, je passerois volontiers ce dernier poinct si je n'estois adverti
par ce dire très-véritable de Typotius,
*Ignota populo est et mortua pene ipsa virtus
sine lenocinio.**, de dire quelques mots en
passant de la monstre extérieure et de
l'ornement que l'on doit apporter à une
Bibliothèque, puisque ce fard et cette décoration semblent nécessaires, veu que suivant
le dire du mesme Autheur, *Omnis appara-
tus bellicus, omnes machinæ forenses, omnis
denique suppellex domestica, ad ostentationem
comparata sunt.* Et dire vray, ce qui me
fait plus facilement excuser la passion de

* Lib. *De fama.*

ceux qui recherchent aujourd'huy cette
pompe avec beaucoup de frais et despences
inutiles ; c'est que les anciens y ont encore esté moins retenus que nous : car si
nous voulons en premier lieu considérer
quelle estoit la structure et le bastiment de
leurs Bibliothèques, Isidore nous appren-
dra * qu'elles estoient toutes quarrelées de
marbre verd, et couvertes d'or par les lambris, Boèce que les murailles estoient re-
vestues de verre et d'yvoire, Sénèque que
les armoires et pulpitres estoient d'ébène
et de cèdre. Si nous recherchons quelles
pièces rares et exquises ils y mettoient,
les deux Plines, Suétone, Martial et Vo-
piscus tesmoignent par toutes leurs œuvres
qu'ils n'espargnoient ny or ny argent pour
y mettre les images et statues, représentées
au vif de tous les galands hommes. Et finalement s'il est question de sçavoir quel estoit
l'ornement de leurs volumes, Sénèque ne
fait autre chose que reprendre le luxe et la
trop grande despense qu'ils faisoient à les

* Apud Lipsum, *Syntag. de Biblioth.* cap. 9.
et 10.

peindre, dorer, enluminer, et faire couvrir et relier avec toute sorte de bombance, mignardise et superfluité. Mais pour tirer quelque instruction de ces désordres, il nous faut eslire et trier de ces extrémitez ce qui est tellement requis à une Bibliothèque, qu'on ne puisse en aucune façon le négliger sans avarice, ou l'excéder sans prodigalité.

« Je dis, premièrement, qu'il n'est point besoin pour ce qui est des livres de faire une despence extraordinaire à leur relieure, estant plus à propos de réserver l'argent qu'on y despenseroit pour les avoir tous du volume plus grand et de la meilleure édition qui se pourra trouver ; si ce n'est qu'on vueille pour contenter de quelque apparence les yeux des spectateurs, faire couvrir tous les dos de ceux qui seront reliez tant en bazane qu'en veau ou marroquin, de filets d'or et de quelques fleurons, avec le nom des Autheurs : pourquoy faire on aura recours au Doreur qui aura coustume de travailler pour la Bibliothèque, comme aussi au Relieur pour refaire les dos et couvertures escorchées, reprendre les tran-

chefils, accommoder les transpositions, re-
coler les cartes et figures, nettoyer les
fueilles gastées, et bref entretenir tout en
l'estat nécessaire à l'ornement du lieu et à
la conservation des volumes.

« Il n'est point aussi question de rechercher et entasser dans une Bibliothèque
toutes ces pièces et fragments des vieilles
statues,

Et Curios jam dimidios, humeroque minorem
Corvinum, et Galbam auriculis nasoque carentem;

nous estant assez d'avoir des copies bien
faictes et tirées de ceux qui ont esté les
plus célèbres en la profession des Lettres,
pour juger en un mesme temps de l'esprit
des Autheurs par leurs livres, et de leur
corps, figure et physiognomie par ces tableaux et images, lesquelles jointes aux dis-
cours que plusieurs ont fait de leur vie,
servent à mon advis d'un puissant esguil-
lon pour exciter une âme généreuse et
bien-née à suivre leurs pistes, et à demeurer
ferme et stable dans les airs et sentiers
battus de quelque belle entreprise et
résolution.

« Encore moins faut-il employer l'or à ses lambris, l'yvoire et le verre à ses parois, le cèdre à ses tablettes, et le marbre à ses fonds et planchers, puis que telle façon de paroistre n'est plus en usage, que les livres ne se mettent plus sur des pulpitres à la mode ancienne, mais sur des tablettes qui cachent toutes les murailles; et qu'au lieu de telle dorure et paremens l'on peut faire vicarier les instruments de Mathématiques, Globes, Mappemonde, Sphères, Peintures, animaux, pierres, et autres curiositez tant de l'Art que de la Nature, qui s'amassent pour l'ordinaire de temps en temps et quasi sans rien mettre et desbourser.

« Finalement ce seroit une grande oubliance, si après avoir fourny une Bibliothèque de toutes ces choses, elle n'avoit point ses tablettes garnies de quelque petite serge, bougran ou canevas accommodé à l'ordinaire avec des clous dorez ou argentez, tant pour conserver les livres de la poudre, que pour donner une grâce nompareille à tout le lieu; et aussi si elle ve-

noit à manquer et estre despourveuë de
tables, tapis, siéges, espousettes, boules
jaspées, conserves, horloges, plumes,
papier, encre, canif, pouldre, alma-
nach, et autres petits meubles et instruments semblables, qui sont de si petite
valleur et tellement nécessaires, qu'il
n'y a point d'excuse capable de mettre à
couvert ceux qui négligent d'en faire
provision. »

La bibliothèque du bibliophile s'est transfor-
mée en salon, en cabinet, en armoire. Il faut
à peine un meuble là où il fallait jadis une
galerie ou plusieurs salles consacrées à la
bibliothèque. Le livre étant devenu bijou, il
suffit de le mettre dans un écrin.

Combien le bibliophile Jacob avait raison ! En effet, *le livre est devenu bijou ;*
cette transformation témoigne du goût
de notre époque ; au plaisir de la lecture
et de l'instruction se joint celui de la
vue. Heureux les bibliophiles qui ont le
moyen de pouvoir être en même temps
un peu bibliomanes.

Ami lecteur, croyez-moi, il ne suffit pas

qu'un livre soit intéressant et instructif, pour plaire, il faut encore que son aspect soit agréable, il faut que le goût règne dans l'impression, dans la justification, il faut que le goût règne dans la reliure, il faut qu'il puisse vous plaire comme *bijou* en même temps que comme édition.

Ce n'est qu'à cette condition que vous aimerez véritablement les livres, que vous vous instruirez d'autant plus que vous vous instruirez avec plaisir.

Avoir soin de ses livres est preuve de savoir; il est impossible qu'un ignorant connaisse jamais la joie que l'on éprouve de lire un bon texte, bien imprimé, sur papier de luxe. Si vos occupations journalières ne vous laissent pas le temps nécessaire à la lecture, au lieu d'être un véritable bibliophile devenez amateur.

« Un amateur, a dit Boulard, est un homme instruit et studieux que son goût et sa fortune mettent à même d'acquérir une bibliothèque plus ou moins nombreuse, composée d'exemplaires plus ou moins pré-

cieux, selon que ses moyens pécuniaires
le lui permettent.

« Il est heureux pour les sciences et
pour les arts qu'il se trouve de ces hommes
riches qui se plaisent à rassembler les
productions du génie, à veiller à leur
conservation. »

Dans un ouvrage dont le succès ne
s'est pas fait attendre*, L. Derome dit :
« ..... Dans le mobilier de la société
cultivée, le livre tient la place d'honneur ; il est le symbole de la supériorité
de l'homme et celui de la civilisation sur
la barbarie... »

On peut aussi rapporter ici ce que disait
Cicéron : « Les livres sont les meilleurs
amis de l'homme instruit et studieux ; ce
sont ses compagnons en même temps que
ses instruments de travail ; ils sont sa dis-
traction, sa joie, sa passion, sa vie ; sa
bibliothèque est donc un paradis, un lieu
de délices, d'effusion, de contemplation,
c'est le tabernacle de ses pensées. »

* *Le Luxe des Livres.* — Paris, 1879, un volume
in-18, belle édition de bibliophile.

Certes, dans la masse des livres il y a un choix à faire. Il ne suffit pas qu'un homme ait le désir de former une bibliothèque, il faut encore qu'il prenne pour règle de conduite le bon goût et la prudence; il faut qu'il prenne garde de succomber à la tentation des prétendus bons marchés, c'est-à-dire de beaucoup de volumes pour très peu d'argent, enfin de ce qu'on appelle en terme de librairie des *bouquins*; à quelque prix qu'on les achète, ils sont toujours trop chers.

Achetez donc de bons et beaux livres, à la condition expresse d'en avoir soin : sinon, contentez-vous d'acheter des ouvrages imprimés sur papier à chandelle; oubliez ce que vous venez de lire et ne continuez pas une lecture qui ne pourrait vous intéresser.

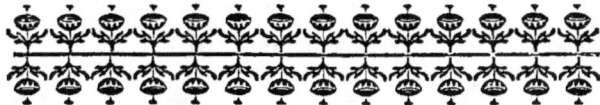

DU FORMAT DES LIVRES

E n'est pas une chose aisée que la connaissance des formats; on a vu des hommes instruits commettre des erreurs en ce genre qui ont fait naître des discussions assez sérieuses sur l'existence d'un ouvrage dont le format avait été mal indiqué.

Nous ne parlerons point ici du format du livre des anciens, qui dépendait souvent de l'étendue et de la forme de la matière subjective de l'écriture. Nous n'entendons parler que du format des livres depuis l'invention de l'imprimerie.

Le format est la résultante du nombre de feuillets contenus dans chaque feuille imprimée et pliée, quelle que soit d'ailleurs sa dimension. Il tire son nom du nombre de feuillets ou de la moitié du nombre de pages que renferme la feuille.

Il existe un grand nombre de formats dont il n'est pas facile à première vue de déterminer la dimension, l'imprimeur employant quelquefois un papier plus grand ou plus petit, et chaque format pouvant être en grand papier, en papier ordinaire ou en petit papier*; on peut prendre un *in-folio* pour un *in-quarto*, un *in-douze* pour un *in-octavo*, un *in-dix-huit* pour un *in-douze*, et réciproquement. L'in-octavo, par exemple, étant en petit papier, se confond aisément avec l'in-douze posé sur la même tablette; le grand in-octavo se confond avec le petit in-quarto, etc. Ces confusions ne sont point préjudiciables pour l'arrangements des livres sur les tablettes; mais il en résulterait des erreurs bibliographiques graves si, sur un catalogue, on désignait un petit in-octavo sous le nom d'in-douze;

---

* Il est bon d'observer aussi que les imprimeurs impriment quelquefois par demi-feuille et qu'alors les signatures tombent dans l'*in-octavo* à la neuvième page, dans l'*in-douze* à la treizième, dans l'*in-seize* à la dix-septième.

c'est alors créer des éditions qui n'ont jamais existé. Il y a aussi de petits formats qui offrent des doutes, alors il faut avoir recours, pour les éditions en papier vergé, aux pontuseaux* et aux vergeures** ; pour les éditions en papier vélin, aux réclames***

---

* Les pontuseaux sont des raies transparentes qui traversent entièrement le papier dans la distance de 12 à 15 lignes, ou de 27 à 33 traits selon la grandeur de la feuille ; elles coupent, à angle droit, d'autres raies extrêmement rapprochées et moins sensibles que l'on nomme vergeures.

** Il y a même quelques éditions du xve siècle dans lesquelles on n'aperçoit aucune trace de pontuseaux ; ce papier ressemble presque à du papier vélin ; mais on découvre des vergeures qui peuvent servir à faire connaître le format. Le meilleur moyen pour reconnaître le format avec ce papier consiste à chercher la marque de fabrique ou *marque d'eau ;* si elle se trouve au milieu du feuillet, le volume est in-folio ; si elle est au fond du volume, il est in-quarto ; et, si elle est en haut du feuillet, il est in-octavo. Il y a des bibliophiles qui ont prétendu qu'on ne voyait pas de format in-octavo et au-dessous, avant 1480 ; ils se trompent, Peignot nous en indique deux : le *Diurnale seu liber precum,* Venetiis, 1480, in-24, SUR VÉLIN ; et un *Psalterium Davidis,* imprimé par Jean de Westphalie, vers 1480.

*** La réclame (un mot ou quelques syllabes d'un mot) se trouve placée à droite sous la dernière ligne d'une page *verso* (le *verso* est la page qui est et aux signatures *; à leur inspection on reconnaîtra sur-le-champ le format le plus douteux.

Pour voir comment la feuille est pliée

à la gauche du lecteur, et le *recto* celle qui est à droite); ce mot ou ces quelques syllabes du mot sont les mêmes qu'on réitère au commencement de la page suivante, pour faire connaître l'ordre exact des pages et des feuillets. Cet usage, qui est devenu inutile depuis qu'on a adopté celui des folios, n'en a pas moins persisté fort longtemps dans la typographie. On en a fait même un abus. Le livre de Heinecke, par exemple, intitulé « Idée d'une collection d'estampes, etc. », imprimé en Allemagne, en 1777, porte des réclames à toutes les pages, ce qui est absurde; car il ne pouvait y avoir erreur d'une page à l'autre du même feuillet. La réclame se place ordinairement à la fin de chaque feuille ou bien à la fin de chaque cahier, quand la feuille est partagée en plusieurs cahiers. Les réclames n'ont d'abord paru que dans le *Confessionale sancti Antonini,* Bononiæ (sans nom d'imprimeur), 1472, in-4º. Magré de Marolles en avait vu dans le *Tacite* de Vindelin de Jean de Spire, qu'il croyait de 1468 ou 1469; mais Rive prouve que ce livre ne peut avoir été imprimé que vers la fin de 1472. On voit par là que dans les premiers temps de l'imprimerie il n'y avait pas de réclame; ensuite on les a beaucoup multipliées, maintenant elles ne sont plus guère en usage.

* On entend par *signatures* les signes particuliers qu'on emploie pour distinguer les différentes

dans chaque format, combien elle contient
de pages, comment sont disposés les pontuseaux des différents formats, la manière
de les faire connaître, nous allons exposer

feuilles dont se compose un ouvrage. Autrefois,
on se servait des lettres de l'alphabet; mais, depuis longtemps, on ne se sert plus que des chiffres. Si, par exemple, on veut s'assurer qu'un
volume est in-8°, on n'a qu'à regarder au bas de
la 17ᵉ page, on y trouvera B (si l'in-octavo est imprimé par demi-feuille, le B ou le chiffre 2 sera
au bas de la 9ᵉ page); à la 33ᵉ, C; à la 49ᵉ, D; etc.
Si le volume est in-12, on trouve B au bas de la
page 25, C à la page 49; D à la page 73, etc.,
parce que la feuille étant pliée en douze, ce qui
forme 24 pages, il est naturel que la pagination de
la seconde feuille commence par le nombre 25, et
que le bas de la première page de cette feuille
soit marqué de la lettre B ou du chiffre 2. On se
sert aussi de signatures pour connaître l'ordre
des cahiers et des pages qui les composent, surtout dans les petits formats au-dessous de l'in-12,
où une feuille renferme plusieurs cahiers séparés
et a plusieurs signatures. S'il y a plus de cahiers
ou de feuilles que de lettres, on multiplie l'alphabet par minuscules ajoutées à la majuscule, autant de fois qu'il est nécessaire, c'est-à-dire qu'a-
près la 23ᵉ feuille on recommence l'alphabet ou
signature A a; à la 47ᵉ, on reprend le troisième
alphabet ou signature A aa, et ainsi de suite. Il
est reconnu que les signatures ont paru pour la
première fois dans le *Johan. Nyder præceptorium
divinæ legis,* Coloniæ, per Johan. Koelhof de Lu-

6

une table des dénominations de formats*.

L'in-folio a la feuille pliée en 2, contient 4 pages, et ses pontuseaux sont perpendiculaires | .

L'in-4° a la feuille pliée en 4, contient 8 pages, et ses pontuseaux sont horizontaux ─.

beck, 1742, in-fol. à deux colonnes. De nos jours la signature par lettre est abandonnée et on ne se sert plus que de chiffres.

* Dans la première période de l'imprimerie, les livres étaient de format *in-folio, in-quarto, in-octavo* et *in-vingt-quatre;* mais ce ne fut que vers la fin du XVᵉ siècle que Alde Manuce mit en vogue le format *in-octavo.* Au XVIIᵉ siècle, les Elzeviers publièrent leurs charmantes collections qui mirent en vogue les formats *in-seize* et *in-vingt-quatre.* Au XVIIIᵉ siècle, l'*in-douze* était fort commun. Aujourd'hi c'est l'*in-octavo* et l'*in-dix-huit* qui sont le plus en vogue. L'*in-folio* est à peu près abandonné, si ce n'est pour les atlas et quelques publications officielles. On n'imprime guère in-quarto que des dictionnaires, des recueils scientifiques et autres ouvrages qui ne sont consultés que dans les bibliothèques. Quelques éditeurs ont imaginé de faire tirer le même ouvrage sur deux formats, in-octavo et in-dix-huit; dans ce cas, l'in-dix-huit a trop peu de marges. Les formats qui conviennent le mieux aux romans, aux publications intimes, sont l'*in-dix-huit* jésus et l'*in-dix-huit* carré.

L'in-8° a la feuille pliée en 8, contient 16 pages, et ses pontuseaux sont perpendiculaires* | .

L'in-12 a la feuille pliée en 12, contient 24 pages, et ses pontuseaux sont horizontaux —.

L'in-16 a la feuille pliée en 16, contient 32 pages, et ses pontuseaux sont horizontaux —.

L'in-18 a la feuille pliée en 18, contient 36 pages, et ses pontuseaux sont perpendiculaires | .

L'in-24 a la feuille pliée en 24, contient 48 pages, et ses pontuseaux sont perpendiculaires | ou horizontaux** —.

L'in-32 a la feuille pliée en 32, contient

---

* L'in-8° a, comme la plupart des autres formats, diverses dénominations qui proviennent de la grandeur du papier employé par l'imprimeur.

** Comme l'in-24 est quelquefois incertain, il faut, pour connaître au juste sa dénomination, ouvrir le livre entre les pages 48 et 49; si la réclame se trouve au bas de la page 48, et la signature au bas de la page 49, alors le format est in-24; mais si la réclame est au bas de la page 64, et la signature au bas de la page 65, le format est in-32.

64 pages, et ses pontuseaux sont perpendiculaires | .

L'in-36 a la feuille pliée en 36, contient 72 pages, et ses pontuseaux sont horizontaux —.

L'in-48 a la feuille pliée en 48, contient 96 pages, et ses pontuseaux sont horizontaux —.

L'in-64 a la feuille pliée en 64, contient 128 pages, et ses pontuseaux sont horizontaux —.

L'in-72 a la feuille pliée en 72, contient 144 pages, et ses pontuseaux sont perpendiculaires | .

L'in-96 a la feuille pliée en 96, contient 192 pages, et ses pontuseaux sont perpendiculaires | .

L'in-128 a la feuille pliée en 128, contient 256 pages, et ses pontuseaux sont perpendiculaires * | .

On voit par ce qui précède quelles sont les différentes sortes de formats : huit ont les pontuseaux perpendiculaires, et

* Le format in-128 était appelé *pouce*, on l'employait jadis pour de très petits almanachs.

six les ont horizontaux ; on voit aussi le
nombre de pages contenues à la feuille
dans chaque format ; alors, à l'inspection
des signatures, il est facile de reconnaître
toute espèce de format.

Les signatures alphabétiques ou les signatures en chiffres correspondant au nombre
de pages que donne tel ou tel nombre de
feuilles suivant le format, nous allons donner un tableau de leur correspondance
dans les formats les plus usités.

Quand un ouvrage contient plusieurs
tomes, le tome est répété à toutes les signatures.

EXEMPLES

Tome I. I
Tome I. 2
Tome II. I
Tome II. 2

et ainsi de suite jusqu'à la fin de chaque
volume.

(Voyez ci-après l'ordre des Signatures ou premiers
Chiffres pour tous les Formats.)

Signatures de l'in-folio, par feuille.

Sig.	Pag.	Sig.	Pag.	Sig.	Pag.	Sig.	Pag.
I	I	4	13	7	25	10	37
2	5	5	17	8	29	11	41
3	9	6	21	9	33	12	45

Sig.	Pag.	Sig.	Pag.	Sig.	Pag.	Sig.	Pag.
13	49	35	137	57	225	79	313
14	53	36	141	58	229	80	317
15	57	37	145	59	233	81	321
16	61	38	149	60	237	82	325
17	65	39	153	61	241	83	329
18	69	40	157	62	245	84	333
19	73	41	161	63	249	85	337
20	77	42	165	64	253	86	341
21	81	43	169	65	257	87	345
22	85	44	173	66	261	88	349
23	89	45	177	67	265	89	353
24	93	46	181	68	269	90	357
25	97	47	185	69	273	91	361
26	101	48	189	70	277	92	365
27	105	49	193	71	281	93	369
28	109	50	197	72	285	94	373
29	113	51	201	73	289	95	377
30	117	52	205	74	293	96	381
31	121	53	209	75	297	97	385
32	125	54	213	76	301	98	389
33	129	55	217	77	305	99	393
34	133	56	221	78	309	100	397

In-quarto, par feuille.

Sig.	Pag.	Sig.	Pag.	Sig.	Pag.	Sig.	Pag.
1	1	10	73	19	145	28	217
2	9	11	81	20	153	29	225
3	17	12	89	21	161	30	233
4	25	13	97	22	169	31	241
5	33	14	105	23	177	32	249
6	41	15	113	24	185	33	257
7	49	16	121	25	193	34	265
8	57	17	129	26	201	35	273
9	65	18	137.	27	209	36	281

Sig.	Pag.	Sig.	Pag.	Sig.	Pag.	Sig.	Pag.
37	289	41	321	45	353	49	385
38	297	42	329	46	361	50	393
39	305	43	337	47	369		
40	313	44	345	48	377		

In-octavo, par demi-feuille.

Sig.	Pag.	Sig.	Pag.	Sig.	Pag.	Sig.	Pag.
1	1	24	185	47	369	70	553
2	9	25	193	48	377	71	561
3	17	26	201	49	385	72	569
4	25	27	209	50	393	73	577
5	33	28	217	51	401	74	585
6	41	29	225	52	409	75	593
7	49	30	233	53	417	76	601
8	57	31	241	54	425	77	609
9	65	32	249	55	433	78	617
10	73	33	257	56	441	79	625
11	81	34	265	57	449	80	633
12	89	35	273	58	457	81	641
13	97	36	281	59	465	82	649
14	105	37	289	60	473	83	657
15	113	38	297	61	481	84	665
16	121	39	305	62	489	85	673
17	129	40	313	63	497	86	681
18	137	41	321	64	505	87	689
19	145	42	329	65	513	88	697
20	153	43	337	66	521	89	705
21	161	44	345	67	529	90	713
22	169	45	353	68	537	91	721
23	177	46	361	69	545	92	729

In-octavo, par feuille.

Sig.	Pag.	Sig.	Pag.	Sig.	Pag.	Sig.	Pag.
1	1	3	33	5	65	7	97
2	17	4	49	6	81	8	113

Sig.	Pag.	Sig.	Pag.	Sig.	Pag.	Sig.	Pag.
9	129	20	3o5	31	481	42	657
10	145	21	321	32	497	43	673
11	161	22	337	33	513	44	689
12	177	23	353	34	529	45	705
13	193	24	369	35	545	46	721
14	209	25	385	36	561	47	737
15	225	26	401	37	577	48	753
16	241	27	417	38	593	49	769
17	257	28	433	39	609	5o	785
18	273	29	449	40	625		
19	289	3o	465	41	641		

In-douze, par demi-feuille.

Sig.	Pag.	Sig.	Pag.	Sig.	Pag.	Sig.	Pag.
1	1	14	157	27	313	40	469
2	13	15	169	28	325	41	481
3	25	16	181	29	337	42	493
4	37	17	193	3o	349	43	5o5
5	49	18	2o5	31	361	44	517
6	61	19	217	32	373	45	529
7	73	20	229	33	385	46	541
8	85	21	241	34	397	47	553
9	97	22	253	35	409	48	565
10	109	23	265	36	421	49	577
11	121	24	277	37	433	5o	589
12	133	25	289	38	445		
13	145	26	3o1	39	457		

In-douze, par feuille.

Sig.	Pag.	Sig.	Pag.	Sig.	Pag.	Sig.	Pag.
1	1	3	49	5	97	7	145
2	25	4	73	6	121	8	169

Sig.	Pag.	Sig.	Pag.	Sig.	Pag.	Sig.	Pag.
9	93	15	337	21	481	27	625
10	217	16	361	22	505	28	649
11	241	17	385	23	529	29	673
12	265	18	409	24	553	30	697
13	289	19	433	25	577		
14	313	20	457	26	601		

In-dix-huit, par feuille, trois signatures.

Sig.	Pag.	Sig.	Pag.	Sig.	Pag.	Sig.	Pag.
1	1	13	145	25	289	37	433
2	13	14	157	26	301	38	445
3	25	15	169	27	313	39	457
4	37	16	181	28	325	40	469
5	49	17	193	29	337	41	481
6	61	18	205	30	349	42	493
7	73	19	217	31	361	43	505
8	85	20	229	32	373	44	517
9	97	21	241	33	385	45	529
10	109	22	253	34	397	46	541
11	121	23	265	35	409	47	553
12	133	24	277	36	421	48	565

In-seize. \
In-trente-deux. \
In-soixante-quatre. } (Voyez les Signatures in-8°.) \
In-cent-vingt-huit. /

Par l'usage de ce tableau on voit que :

Dans l'in-folio, un volume composé de 84 pages a 21 feuilles ;

Dans l'in-4°, un volume composé de 136 pages a 17 feuilles ;

Dans l'in-8°, un volume composé de 176 pages a 22 demi-feuilles ou 11 feuilles.

C'est surtout en vue de la collation des livres anciens, dont nous parlerons plus loin, que nous avons fait ce petit travail qui ne pourrait pas servir à tous les formats modernes, que, seul, un long usage peut faire distinguer les uns des autres.

Pour les formats modernes, il est excessivement difficile de s'en rendre compte, mais, bien que la dépense de planches dans un ouvrage de cette nature, destiné à une vente à petit nombre d'exemplaires, soit excessive, nous nous faisons un devoir de donner aussi exactement que possible un aperçu des impositions des divers formats.

« Aux impositions se rattache le format des divers papiers qui sont le plus ordinairement employés en imprimerie. Nous ne croyons pas inutile et hors de propos de faire connaître leurs noms et leurs dimensions en centimètres :

Pot ou papier *écolier*. . . . . . 31 sur 39
Tellière ou papier *ministre*. . . 33 — 43

Couronne. . . . . 36 sur 46
Ecu. . . . . 40 — 52
Coquille . . . . 44 — 56
Carré . . . . 45 — 56
Cavalier. . . . . 46 — 60
Raisin. . . . . 49 — 64
Jésus. . . . . 55 — 70
Colombier . . . . 63 — 86
Grand aigle. . . . . 68 — 103

« Ces mesures ont cessé d'êtres absolues, aujourd'hui que la fabrication des papiers par la mécanique permet d'obtenir des dimensions arbitraires.

« Les papiers sont disposés ordinairement par rames. La rame est composée de cinq cents feuilles, lesquelles sont établies par mains ou cahiers de vingt-cinq feuilles chacun*. »

Il existe autant d'impositions qu'il y a de formats. Quelles que soient les dimensions que présente une feuille de papier lorsqu'elle est pliée, chaque format prend son nom du nombre de feuillets, comme nous l'avons dit plus haut; c'est-à-dire, on nomme une feuille *in-folio* parce qu'elle offre deux feuillets ou quatre côtés; la

* *Manuel de l'apprenti compositeur,* par J. Claye.

feuille in-4°, quatre feuillets ou huit côtés; la feuille in-8°, huit feuillets ou seize côtés, etc. ; *il résulte donc qu'une feuille procure toujours le double de pages du format cité.* Cette connaissance s'oublie facilement pour peu qu'on ne la pratique point, et c'est plutôt une combinaison qu'une science, qui s'échappe de la mémoire. Nous allons d'abord citer les impositions les plus usitées, puis, pour les modèles, nous renvoyons l'amateur aux planches I, II, III et IV.

IN-FOLIO

Le n° 1 représente le côté de première d'une feuille; le n° 2, celui de seconde.

L'indication des *biseaux** est marquée par les points qui sont tracés et qui désignent la position du châssis devant le metteur en page.

Il est essentiel de faire observer que dans toutes les impositions ordinaires la première page est placée, sur le marbre,

---

* Tringle de bois de longueur indéterminée qui s'amincit graduellement d'une extrémité à l'autre et qu'on emploie pour serrer les formes.

Planche I

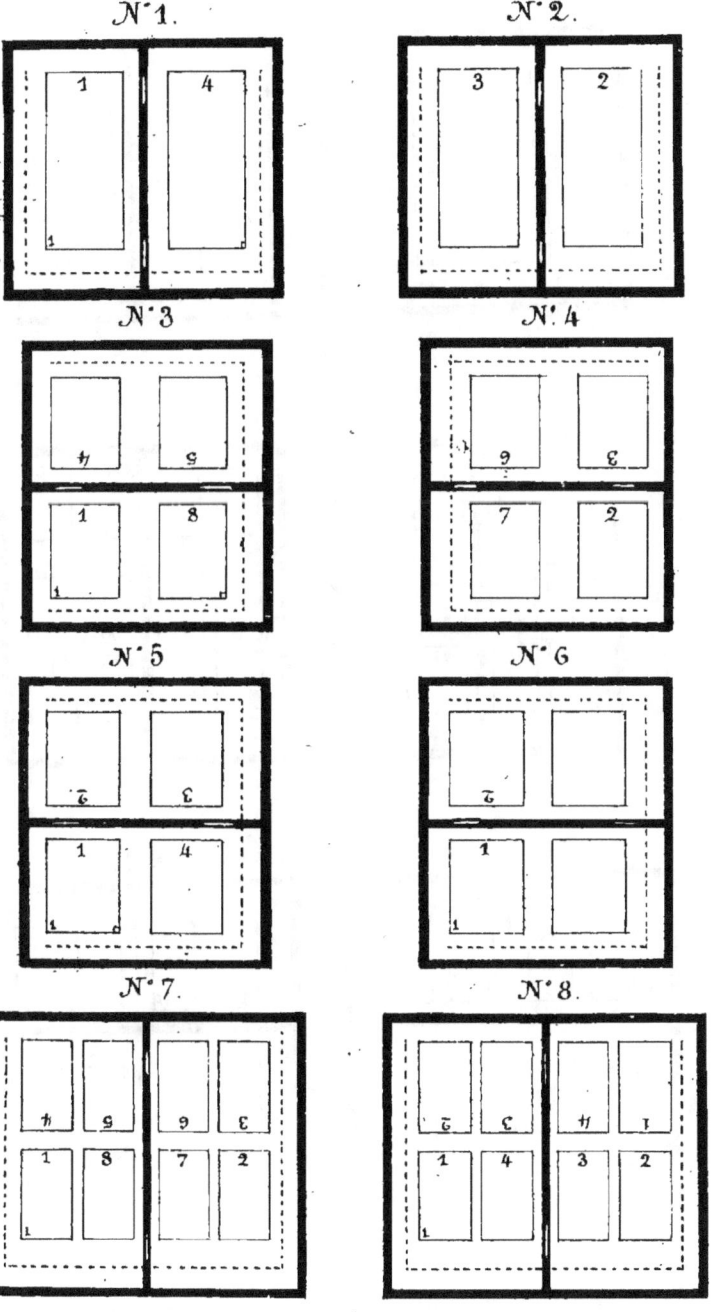

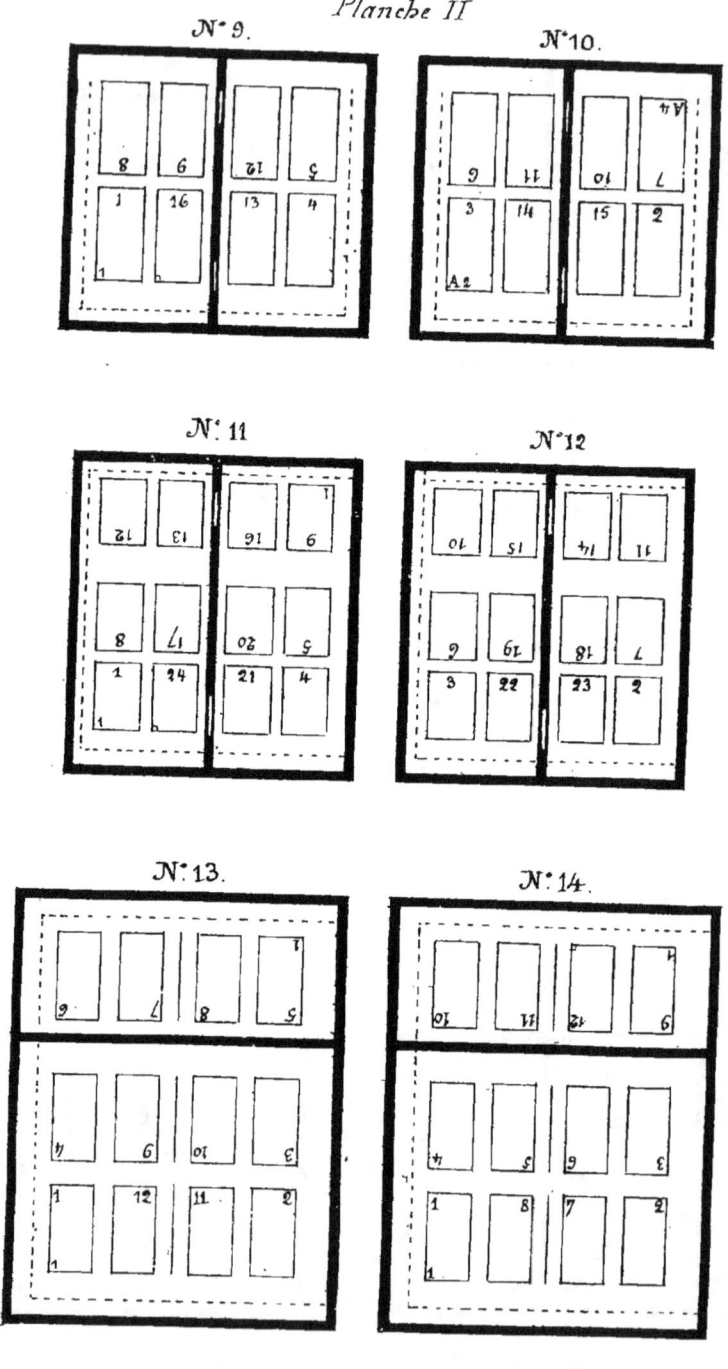

Planche III.

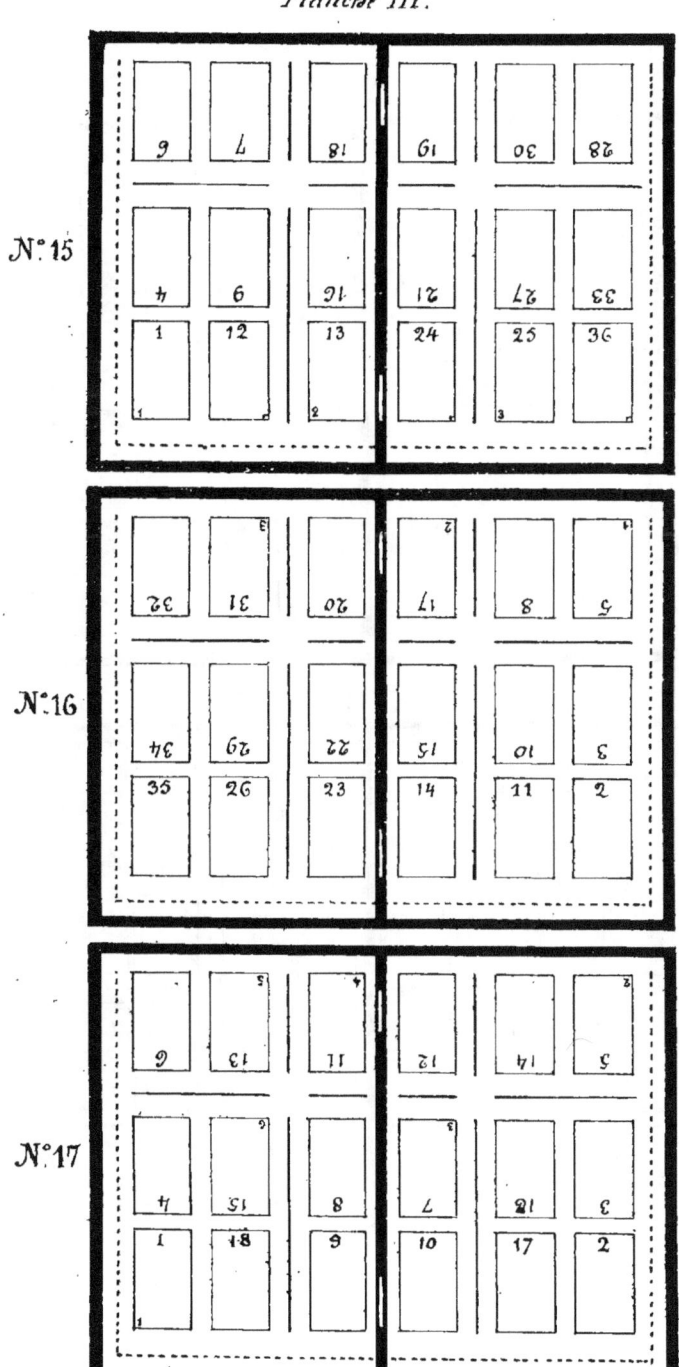

N.° 18

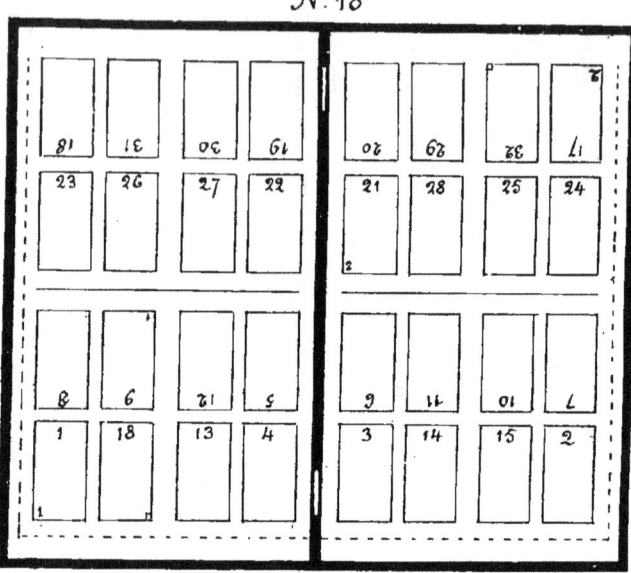

N.° 19

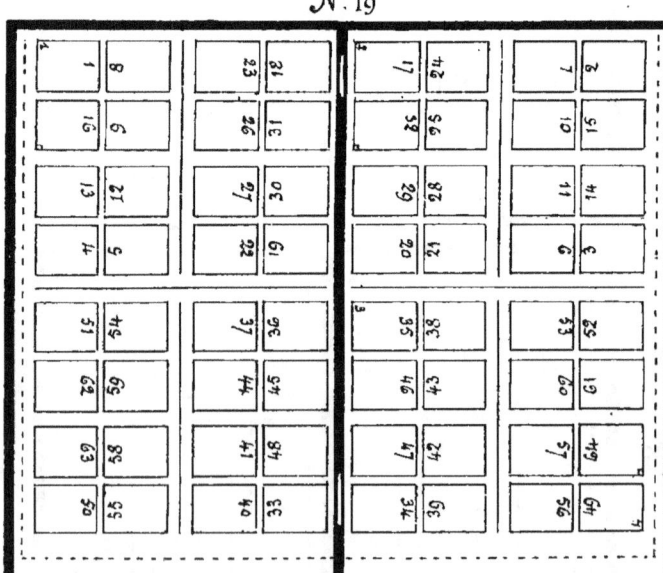

à gauche de l'ouvrier et, dans presque toutes, la dernière à côté de la première.

In-quarto

Le n° 3 représente le côté de première d'une feuille. N° 4, le côté de seconde. N° 5, une forme en retiration* sur elle-même. N° 6, une circulaire dont les deux premières pages doivent être imprimées et les deux autres rester blanches.

In-octavo

N° 7, une forme en retiration sur elle-même. N° 8, deux cartons in-8°.

In-octavo

N° 9, le côté de première d'une feuille. N° 10, celui de seconde.

In-douze

N° 11, le côté de première d'une feuille. N° 12, celui de seconde. N° 13, une forme in-12 en retiration sur elle-même, et le châssis à la Lyonnaise. N° 14,

---

* La *retiration* est l'impression du second côté de la feuille de papier. Le mot retiration peut venir du verbe *retirer*, tirer de nouveau, ou du substantif *réitération*, corrompu par le langage technique. (H. Fournier.)

une forme in-12 dont le carton est en dehors.

IN-DIX-HUIT.

N° 15, le côté de première de la feuille, imposée en trois cartons. N° 16, le côté de seconde.

Cette manière d'imposer par trois cartons est celle que l'on devrait toujours adopter. Elle est plus facile pour le compositeur, le relieur *et le lecteur*.

N° 17, représente une forme in-18 en retiration sur elle-même, sans transposer de pages.

IN-TRENTE-DEUX

N° 18. Cette imposition représente deux feuilles in-8°.

IN-SOIXANTE-QUATRE

N° 19, représente une forme en retiration sur elle-même, contenant 4 feuilles in-8°.

DE LA RELIURE DES LIVRES

ous croyons devoir recommander
aux amateurs une lecture atten-
tive de ce chapitre : nous y
avons réuni un grand nombre de conseils
qui peuvent leur être d'une grande utilité.

La reliure est à la typographie ce que
celle-ci est aux autres arts; l'une transmet
à la postérité les ouvrages des savants,
l'autre doit lui conserver les productions
typographiques.

La reliure a pour but la conservation
des livres et l'ornement des bibliothèques.
Jusqu'au XVIIIe siècle [*], on n'a guère connu
que deux sortes de reliures, la reliure
couverte en peau (veau, maroquin, etc.),
avec nerfs apparents, et la reliure en vélin,

* Merlin. Rapport, 1856.

telle qu'on l'exécutait si bien en Hollande. Celle-ci était une sorte d'emboîtage à dos brisé, mais dans lequel la solidité s'unissait à la souplesse et à la légèreté*. La reliure dite en vélin cordé, dans laquelle excellaient aussi les Hollandais, était également une reliure en vélin, mais cousue sur doubles nerfs, à dos non brisé, les nerfs apparents ; elle était ornée d'estampages sans or. A la fois gracieuse et solide, elle fait encore aujourd'hui l'ornement des rayons in-folio et in-quarto, car elle ne s'appliquait en général qu'à ces deux formats; il faut convenir cependant que la rigidité excessive du dos en rendait l'usage quelquefois incommode.

L'art des reliures hollandaises en vélin

---

* Ces volumes étaient cousus sur nerfs de parchemin; un carton très mince supportait le vélin qui formait la couverture, et les pointes de nerfs, passées dans les charnières et collées sur le carton par-dessous une bande de papier fort ou de parchemin que recouvraient les gardes, suffisaient pour maintenir le tout; des attaches de parchemin fixées sur le dos, et dont les bouts se collaient aussi sous les gardes, ajoutaient encore à la solidité.

semble perdu aujourd'hui; nous ne connaissons plus que la reliure en peau, à
nerfs, antérieure à l'origine de l'imprimerie, la reliure en peau dite *à la grecque,*
introduite pendant le xviiie siècle*, la
reliure dite à *dos brisé,* déjà en usage au
milieu du siècle dernier**, et la demi-

---

* On sait que la grecque est une entaille faite
dans le dos du cahier au moyen d'une scie; dans
cette entaille se loge la ficelle des nerfs, et le dos
du volume reste uni à l'extérieur; ou bien, par
suite d'une supercherie, le dos peut prendre la
forme du volume cousu sur nerfs, c'est-à-dire que
les *soi-disant* nerfs forment saillie sur le dos.
Dans tous les cas, le volume *relié à la grecque*
s'ouvre très mal. Les règlements anciens, qui
interdisaient sagement aux relieurs la couture à la
grecque, n'avaient déjà plus d'action en 1762
puisque Dudin, dans son *Art du Relieur*, qui, selon
le bibliophile Jacob, n'est que la copie du *Traité
de la Reliure* de Gauffecourt, livre imprimé à douze
exemplaires(?), la décrit en détail.

** Dans la reliure improprement appelée à dos
brisé, la peau qui recouvre le dos ne tient pas aux
cahiers, elle est collée sur une bande de carte
introduite entre cette peau et le dos du livre,
auquel le carton n'adhère pas. Par ce moyen, le
volume peut s'ouvrir complétement sans revenir
sur lui-même et sans que le dos de la reliure
puisse se rompre, comme il arriverait aux reliures à dos fixe. Ce mode de reliure est surtout

reliure *, invention allemande plus moderne. Le cartonnage à la Bradel **, qui
eut tant de vogue au commencement du
siècle, puis disparut des bibliothèques
et fut remplacé par la demi-reliure toile,
qui, lorsqu'elle est faite avec soin, est
l'ornement de bien des bibliothèques
particulières qui brillent plus par le fond
que par l'apparence, est redevenu subite-
ment en faveur. Octave Uzanne, dans
ses *Caprices d'un Bibliophile*, appelle ce
cartonnage *la robe de chambre du livre.*

« Les cartonnages *à la Bradel*, dit-il,
sont redevenus fort appréciés ; ils forment
une enveloppe gracieuse et modeste èt,

convenable pour les gros volumes et pour ceux
qui doivent être feuilletés beaucoup ou rester
ouverts sur un pupitre.

* Dans la demi-reliure, le dos et quelquefois
les coins sont seuls couverts en peau ; les plats le
sont en papier. Le corps du livre est, comme dans
la reliure pleine, soit à dos fixe, soit à dos brisé.

** C'est une vraie reliure à dos brisé, où la
tranche du livre n'était pas rognée, et dont le dos
et les cartons n'étaient couverts que de papier. On
l'emploie principalement comme moyen de conservation provisoire pour les livres auxquels
on projette de faire mettre plus tard un riche
habillement.

sans rien enlever à l'ampleur des marges,
ils conservent la virginité de la brochure. Ces cartonnages sont d'excellents
vêtements préservatifs ; ils ont la com-
modité, la flexibilité, la grâce, mais il
leur manque la gentillesse, l'esprit fan-
taisiste, l'aspect d'art que nous voudrions
voir adopter plus généralement. Ils sont
classiques en diable ; c'est là leur grand
défaut. »

Pour les demi-reliures toile, qui tôt ou
tard remplaceront entièrement le cartonnage
à la Bradel, on emploie, soit du *papier
peigne*, soit du papier marbré, maroquiné
ou à *escargots*, soit du papier de couleur
mate, soit encore de la toile anglaise,
gaufrée, teintée, unie ou à ramages,
chagrinée ou glacée.

Voici ce qu'en dit Octave Uzanne,
dans les *Caprices* cités plus haut.

« Les Bibliophiles ne doivent pas négliger le petit art de ces demi-reliures ; c'est
à eux de chercher, de vivifier leur goût,
de le spécialiser, de trouver l'original et
de l'imposer à l'imagination rétive de leurs

fournisseurs ordinaires, qui demeurent trop longtemps sur le chemin du convenu et du poncif.

« Un Livre doit être relié, selon son esprit, selon l'époque où il a vu le jour, selon la valeur qu'on y attache et l'usage que l'on compte en faire; il doit s'annoncer par son extérieur, par le ton gai, éclatant, vif, terne, sombre ou bigarré de son accoutrement *. »

Revenons aux reliures d'amateurs, et, sans nous occuper de l'art du relieur, nous tiendrons seulement à faire comprendre à nos lecteurs en quoi consiste une bonne reliure et à leur faire connaître quelles sont les différentes transformations qu'un livre doit subir de sa remise en les mains du relieur jusqu'à sa rentrée dans leur bibliothèque; en un mot, comme il ne saurait s'agir ici de la satisfaction des yeux, nous allons leur indiquer en quoi

---

* Pour le choix des nuances, des papiers, etc., nécessaires aux demi-reliures de fantaisie nous renvoyons nos lecteurs aux *Caprices d'un Bibliophile.*

peut consister une reliure parfaite et quelles en sont les conditions indispensables.

Avant tout, le choix d'un relieur est une chose importante pour tout bibliophile jaloux d'avoir des exemplaires bien conservés et dont les marges aient été ménagées ; mais, plus on est exigeant sur la perfection du travail, moins on a le droit d'être parcimonieux sur le prix que demande l'ouvrier pour s'indemniser du temps qu'il a été obligé de sacrifier en plus que pour un travail ordinaire.

La reliure * est un art dont tout le monde sent le prix. C'est un plaisir qui n'a rien de ridicule, quoi qu'on en dise, que de voir revêtus d'une parure magnifique et honorés d'une sorte de culte les ouvrages d'un auteur qu'on aime.

Il ne faut cependant pas trop exagérer l'importance de cet accessoire, et celle qu'il a prise dans ces derniers temps passe un peu la mesure. Des livres *fort médio-*

* Nodier.

*cres** montent dans les ventes à des prix énormes presque sans autre recommandation qu'une magnifique reliure de Boyet, de Derome, de Thouvenin, de Bozérian, de Padeloup, de Simier, de Courteval, de Anguerand, de Lemonnier, de Ducastin et autres relieurs. Le nom d'un de ces hommes, qui ont excellé dans leur art, attaché au revers des gardes d'un volume, en double ou en triple la valeur.

Il en sera autant un jour (et on peut même dire sans crainte d'erreur qu'il en est autant) des beaux travaux de nos artistes relieurs vivants, que nous ne nommerons pas ici de peur d'en oublier quelques-uns.

Les connaisseurs, il est vrai, a dit M. R. Minzlöff avec justesse, ne manquent pas d'y regarder de fort près; ils n'achèteront pas un mauvais livre pour la beauté de la reliure, à moins que cette reliure ne soit elle-même une curiosité historique; mais

---

* Il semble à trois gredins, dans leur petit cerveau,
Que, pour être imprimés et reliés en veau,
Les voilà dans l'état d'importantes personnes.
MOLIÈRE.

ils attacheront une grande importance à
ce que leurs livres préférés prennent entre
les mains d'un artiste de premier ordre
l'apparence et la qualité d'une œuvre d'art.

Quelle que puisse être la fortune d'un
amateur, le soin de sa réputation de bibliophile exige qu'il sache graduer la
dépense des reliures d'après l'importance
des ouvrages*.

La reliure d'amateur** doit être riche
sans ostentation, solide sans lourdeur,
toujours en harmonie avec l'ouvrage
qu'elle recouvre, d'un grand fini de travail,
d'une exacte exécution dans les plus

---

* Il est certain que plus d'un livre médiocre,
surpris de se trouver sur les tablettes d'un somp-
tueux bibliophile, peut, grâce à l'art et à l'habileté de nos relieurs, s'écrier avec *Sedaine :* « Ah!
mon habit, que je vous remercie! » Ce serait peut-
être le cas de citer ici ce que *Sénèque* disait de
quelques amateurs de son temps, qui sur les
rayons de leur bibliothèque rangeaient systéma-
tiquement des volumes recouverts d'élégantes et
luxueuses reliures, s'occupant plus ou moins du
contenu, attendu qu'ils ne les ouvraient jamais :
*Plerisque... libri non studiorum instrumenta sed
ædium ornamenta sunt...* (*De Tranquillitate animi*,
chap. IX.)

** Wolowski. Rapport, 1869.

menus détails, à lignes nettes, à dessin fortement conçu.

Pour en arriver à ce résultat, il faudrait que tout relieur habile pratiquât ce qui était en usage au XVIIIᵉ siècle, époque où chaque relieur en renom avait un genre à lui et eût dédaigné d'imiter ses confrères les plus habiles.

« C'étaient, dit le bibliophile Jacob, les amateurs qui classaient et spécialisaient les talents de chacun, en ne demandant à l'un ou à l'autre que les ouvrages qu'il exécutait le mieux : celui-ci faisait les maroquins; celui-là, les veaux fauves; un autre, les vélins blancs et de couleur; un autre, les encartonnages ou demi-reliures. C'était à qui ferait graver des fers* du meilleur style, et pas un relieur n'eût été assez indélicat pour copier les fers de son rival. »

---

* Les relieurs appellent ainsi des outils de cuivre fondu qui servent à imprimer sur l'or différents agréments, comme broderies, dentelles, fleurs, filets et armes, et ce sont ces ornements qui sont, proprement dit, ce que l'on appelle la *Dorure des livres*. (Voir les planches V et VI.)

PLANCHE V

LIVRE DORÉ AVEC DES FERS DÉTACHÉS

a e, Petits milieux.

d h, Grands milieux.

b b-g f, Coins.

c i, *c i*, Petits fers qui remplissent les vides entre
les coins et les grands milieux.

k, *k*, Armes.

9

PLANCHE VI

Livre doré portant une dentelle qui se fait avec un seul
fer de cette grandeur et qu'on appelle *Plein-or*.

Une reliure sera bien conditionnée si
elle réunit à la fois la solidité et l'élégance ;
si le volume * s'ouvre facilement et reste
ouvert à n'importe quelle page ; si, étant
fermé, la couverture et les feuillets forment un tout bien uni, sans bâiller ni se
séparer à aucun endroit ; si le dos se
brise facilement sans conserver la marque
de la brisure ; si les commencements des
lignes ainsi que la marge intérieure sont
parfaitement visibles à l'ouverture du livre ;
si, enfin, les marges extérieures sont le
moins possible et partout également rognées. La régularité de la pliure, la solidité de la couture, celle du dos, l'élasticité
des charnières sont encore autant de
conditions d'une bonne reliure.

Pour obtenir toutes ces qualités réunies,
il faut, comme nous l'avons dit plus haut,
ne confier ses livres qu'à un très habile
relieur et laisser à celui-ci tout le temps

* Le mot *volume* a rapport à la reliure, celui de
tome à la division d'un livre en plusieurs parties :
un ouvrage peut avoir douze tomes en six volumes,
comme six tomes en douze volumes.

9*

nécessaire pour les diverses opérations
que réclame une bonne reliure. D'abord,
on comprend qu'on ne doit point faire
relier un livre récemment imprimé. L'encre d'imprimerie ne sèche que très lentement, et, en soumettant au battage un livre
dont l'encre ne s'est point encore parfai-
ment séchée, on s'expose à avoir toutes
les pages maculées et rendues complétement illisibles. Une année toute entière
et peut-être deux doivent s'écouler avant
qu'un livre soit livré au travail de la
reliure. Les livres nouveaux doivent être
achetés brochés: c'est sous cette forme
qu'il convient de leur faire subir la fatigue
de la première lecture. Lorsque le moment est venu où le volume doit être
livré au relieur, l'amateur est en droit de
faire à celui-ci certaines recommandations sur des points trop souvent négligés*.

Si le livre est imprimé sur beau papier,
fort et sonnant, il faut se garder de le
faire trop battre, car ce que l'on gagnerait

* Quelques personnes, pour la reliure d'un ouvrage précieux, prennent une précaution que

en compacité ne compenserait pas la
perte de la qualité sonore du papier.
D'ailleurs un livre trop battu, trop com-
pacte, s'ouvre très difficilement. *Après un
pliage plus régulier* des feuilles, s'il s'agit
d'un livre déjà broché (de manière à ce
que les chiffres de pagination tombent bien
les uns sur les autres, en sorte qu'en regar-
dant le cahier au transparent tous les cadres
de justification se rencontrent bien, et que
les marges de tête et de dos *, du recto et
du verso, soient très égales), la couture, qui
est le point capital de la reliure, demande
aussi certains soins; si les cahiers de papier
sont épais, il faut non-seulement les coudre
au milieu, mais encore au commencement
et à la fin, ce qui donne à la couture la
qualité requise. Quand le volume sera
cousu et passé à la colle-forte, le relieur

nous approuvons beaucoup. Lorsque cet ouvrage
est plié et cousu, avant de l'endosser, le relieur
les avertit; elles se transportent chez lui pour
s'assurer que les feuilles ont été pliées exactement,
que l'assemblage a été bien fait et que les cahiers
ont été cousus bien également.
     * On appelle tête le haut du livre, et dos le fond.

fera bien de l'arrondir avant qu'il soit entièrement sec, car cette opération ne se fait bien qu'alors, et le dos se maintient bien mieux : il y a certains cas où il serait bon de ne pas l'endosser au marteau, mais de laisser les mors se former naturellement. Il est également à propos que les cartons soient rognés d'équerre avant d'être appliqués; c'est par là qu'on obtient de rogner la tranche le moins possible, et on sait avec quelle raison l'amateur tient à conserver à son livre le plus de marge possible*; la rognure est une chose mécanique, et avec le compas, l'équerre et l'habitude on ne peut guère manquer de réussir **.

* Rien n'est plus précieux que l'intégrité des marges; et, quelque réservé que soit le couteau du relieur, il ne peut en ôter sans altérer ce qui flatte le plus l'œil de l'amateur : nous voulons dire une belle marge dans toute sa grandeur primitive. Il est difficile de se faire une idée du prix que les connaisseurs attachent aux marges bien conservées.

** Le relieur a besoin de redoubler d'attention lorsque l'ouvrage est chargé de notes marginales, sans cela il risquerait de les atteindre, ce qui ferait le plus grand tort à l'exemplaire.

C'est alors que le volume est doré, marbré ou jaspé sur tranche. Si l'on tient à ce que les pages ne soient pas émargées, on peut se contenter d'en faire dorer la tête, la dorure en tête étant indispensable pour empêcher la poussière de pénétrer entre les feuillets et de maculer le volume.

Pour ce qui concerne la couverture, nous ferons remarquer que certains relieurs ont l'habitude de coller du parchemin sur le dos pour donner de la solidité au volume ; on obtient le même résultat en insérant du parchemin entre les nerfs et en les ramenant sur les gardes, et l'effet est meilleur.

La parure, c'est-à-dire l'amincissement de la peau, peut être poussée plus ou moins loin, mais elle doit toujours être proportionnée à la grandeur et à la grosseur du volume. Quant au carton, il doit être plutôt fort que trop mince.

Nous ne dirons rien de la dorure, de la gaufrure et autres ornements analogues, c'est une affaire de goût qu'il faut laisser

10

à l'artiste ; seulement, l'amateur de livres
devra tenir à ce que les titres inscrits sur
le dos des volumes soient parfaitement
exacts, sans faute d'orthographe et sans abréviations ridicules ou incompréhensibles.
Le plus prudent sera de rédiger d'avance,
avec le plus grand soin, le titre tel
qu'on désire qu'il soit mis sur le livre
et d'exiger qu'il n'y soit rien changé.

M. Mouravit, dans un intéressant ouvrage (*La Petite Bibliothèque d'Amateur*),
souhaite voir se répandre l'habitude récemment introduite de mettre la date de l'é-
dition, parfois aussi le nom de l'éditeur,
sur le dos du volume. « Cette addition, dit-
il, en achevant de déterminer la nature et
la valeur propre de l'ouvrage, déjà révé-
lées par le titre et le nom de l'auteur,
contribue à rendre la reliure plus *parlante*, si l'on peut dire ; entre plusieurs
éditions du même ouvrage on saura quelle
est celle-ci, on aura appelé une plus vive
lumière sur ces volumes que leur enveloppe laisse toujours dans une ombre
douteuse. »

A propos des *signets* *, faire remarquer aux relieurs de n'employer qu'un ruban dont la couleur ne puisse se déteindre, pour qu'à la longue le volume ne risque pas d'être taché.

Tout en rendant justice à l'utilité et à la beauté des reliures pour conserver les livres et embellir les bibliothèques, nous pensons qu'il y a certains ouvrages de prix qui gagneraient plus à une élégante demi-reliure qu'à une reliure entière.

Dans un ouvrage comme les « Connaissances nécessaires à un Bibliophile » il faut que l'auteur sache recueillir avec soin les avis et les conseils que des amateurs veulent bien se donner la peine de lui

---

* Les signets sont des petits rubans de faveur, plus ou moins larges, selon la grosseur du livre, et que l'on coupe un peu plus longs que sa hauteur. On sait que ces petits rubans servent à marquer l'endroit où on en est resté quand on lit un livre et qu'on est obligé d'interrompre sa lecture. Quoique de médiocre importance, cet ornement est nécessaire, parce qu'il n'est pas commode de mettre un morceau de papier dans un livre relié et *qu'il ne faut jamais* faire une corne à un feuillet.

adresser ; car « la faculté acquise ou innée qui nous fait discerner l'à-propos, la convenance de tel ou tel genre, de telle ou telle manière* » ne saurait être universelle.

Un bibliophile italien, dont le savoir et le goût ne sauraient être mis en doute par personne, a bien voulu nous adresser, à propos de la seconde édition de notre livre, une note au sujet du chapitre sur la reliure, note que nous avons lue et relue avec l'attention que doit y apporter un auteur, surtout lorsque, comme celle-ci, elle commence par une phrase élogieuse.

« Admirateur.... je suis d'accord avec vous qu'à certains ouvrages une bonne demi-reliure puisse mieux convenir qu'une reliure entière, mais, je ne puis me persuader que, *en règle générale*, pour les livres grands de marges, non rognés, c'est-à-dire pour les exemplaires de choix, une demi-reliure soit préférable !

« Ce conseil est difficilement suivi par les véritables amateurs. Nous en avons

* Littré.

l'exemple à chaque vente, tous les jours.
De cette façon la reliure pleine, c'est-à-dire
le *maximum* de l'élégance, serait réservée, à
moins d'y renoncer tout à fait, à des exemplaires moins beaux, moins complets, *moins
parfaits*, ce qui serait intervertir l'ordre des
choses ; une incohérence ! *L'habit doit être
proportionné au personnage que l'on veut
honorer*, disait souvent l'excellentissime
J. Janin !

« En tous temps, un bel ouvrage, en
excellente condition, avec une belle reliure
pleine, exécutée avec intelligence, c'est-à-
dire en *rapport avec la valeur et le sujet du
livre*, sera toujours préférable. Et les bibliophiles délicats rechercheront toujours
et lui donneront un plus grand prix,
aimeront toujours davantage, non pour la
simple reliure seulement, mais pour cet
ensemble harmonieux et logique, un ouvrage précieux en plein cuir de Russie ou
maroquin du Levant que le même livre
avec demi-reliure, même avec coins et tête
dorée, fût-elle exécutée par Capé, Cham-
belle-Duru, Niedrée, Lortic ou Trautz-

Bauzonet, etc., etc. Enfin, si quelque bibliophile s'avisait de faire frapper ses armes sur les plats de ses beaux livres, la demi-reliure ne pourrait guère le satisfaire ! Avec ceci je ne suis point exclusif, et j'avoue franchement que bon nombre d'ouvrages avec reliure entière ne mériteraient pas cet honneur... »

A notre avis, pour les livres dont on doit conserver les marges, c'est-à-dire que l'on veut avoir reliés non rognés, il est mieux de faire exécuter une demi-reliure *.

La demi-reliure (tête dorée, dorée en tête, non rognée) exige les coins, pour préserver le livre et ajouter à l'élégance de la reliure.

La demi-reliure simple (tranche marbrée, tranche jaspée, etc.), celle enfin que l'on emploie pour les livres de peu de valeur, ne peut aller qu'avec un livre rogné.

Le choix des *peaux* pour la reliure est

* Demi-reliure, se dit quand il n'y a que le dos du livre qui soit couvert de peau, ou, en général, quand les plats sont d'une matière autre et plus faible que le dos.

une chose sur laquelle nous devons appeler l'attention de l'amateur. La *basane*,
reliure d'une jolie apparence, s'use promptement. La reliure en *veau* est d'une
grande solidité. La reliure en maroquin,
reliure brillante, *doit* s'employer pour les
ouvrages de luxe, les éditions de bibliophile. Le *chagrin*, peau grenue d'âne ou
de mulet, bien qu'on en fasse d'aussi
magnifiques reliures qu'avec le maroquin,
n'a pas la même solidité.

Les livres imprimés sur vélin exigent
des soins tout particuliers : on ne doit les
faire relier que longtemps après l'impression, lorsque l'encre et le vélin sont parfaitement secs ; et, quand ils sont reliés,
il faut différer de les enfermer jusqu'à ce
que la reliure n'ait plus rien de l'humidité
occasionnée par la colle que l'on y a
employée. En général, rien n'attire et ne
conserve plus l'humidité que le parchemin
ou le vélin. La blancheur en est éclatante ;
mais, si on les laisse trop longtemps à
l'air, il deviennent jaunes et se crispent
facilement à l'humidité ou à la chaleur.

La reliure terminée, il s'agit d'en faire acte de possession. Oh, alors, Bibliophile ou Bibliomane, n'employez ni cachet à l'encre grasse, ni timbre sec, ni enfin de timbres à la cire !

Si vous voulez mettre « ce livre est à moi » ne l'écrivez ni sur le faux titre ni sur le titre de ce livre.

Faites emploi de l'ex-libris ; pour quelques francs, vous pourrez faire dessiner et imprimer soit un chiffre ou monogramme, soit une devise, etc.; mais, comme dans tout, il faut que le goût règne dans sa composition. Il y va de votre réputation présente et future !

« Le principal mérite de la devise est la simplicité et la clarté : si elle ne doit pas tomber dans la trivialité, il faut éviter aussi qu'elle ne devienne une énigme indéchiffrable. Une devise est ordinairement une déclaration de principes, un trait de caractère qu'on désire mettre en saillie ; une pensée habituelle, un sentiment qui domine, *une preuve de bon ou de mauvais goût ;* c'est aussi bien souvent une prétention, l'affectation d'une qualité, d'une tendance, d'une inclination dont on voudrait persuader les autres et dont justement l'on manque le plus. De sorte que la devise peint les personnes à la fois par la vérité et par le mensonge.

« Dans tous les cas, le *corps* doit parler aux yeux et l'âme achever le sens au moyen d'un ton vif, saisissant et concis. La recherche et l'affectation y sont d'autant plus insupportables que rien ne peut en affaiblir l'effet....

« Parmi les vignettes de bibliophiles, toutes sont loin de pouvoir être placées dans la même classe. Les unes sont des représentations directes, les autres des figures emblématiques, plusieurs forment de petits tableaux où l'art n'a pas dédaigné d'appliquer sa perfection.

« Grand nombre de vignettes n'offrent que des armoiries, avec ou sans nom, avec ou sans légende. Il en est qui n'ont qu'une légende et n'empruntent rien au dessin *. »

---

* *Des Marques et Devises mises à leurs livres*

11

Nous terminerons cet exposé de la reliure en appelant l'attention des amateurs sur la reliure des livres anciens.

La reliure étant le costume du livre, un bibliophile doit tenir particulièrement à ce qu'une édition ancienne d'un livre estimé reste parée de sa reliure originale, surtout si elle porte les marques de quelque illustre personnage. Tels sont les beaux exemplaires des souverains protecteurs des lettres, aux chiffres des célèbres bibliophiles, ou bien accompagnés seulement du nom autographe d'un savant ou d'un littérateur illustre par ses œuvres.

Un de nos bibliographes les plus instruits a dit avec beaucoup de vérité :

Les livres, comme les hommes, ont leurs titres de noblesse, et les d'Hozier bibliographiques suppléent les quartiers d'un volume par les célébrités de toute espèce auxquelles il a appartenu, depuis les maîtresses des rois jusqu'aux prélats ou

---

par un grand nombre d'amateurs, par M. de Reiffenberg, Paris, Edouard Rouveyre, éditeur, 1874, in-8° couronne.

aux modestes hommes de lettres. Armoiries, chiffres, devises, signatures et même
traditions, tout est preuve dans cette justification, et l'on sait ce qu'elle ajoute à
la valeur des livres et à quels prix élevés
se portent les volumes décorés de la devise de Grolier, du chiffre de Henri II
ou de Diane de Poitiers, des armes de
De Thou, de Colbert, de Soubise, ou de
la signature de Racine, de Bossuet et
d'autres personnages célèbres.

Par exemple, quoi de plus beau que ces
reliures simples, de bon goût, exécutées
par les Derome père et fils pour les bibliothèques de Mesdames de France, filles
de Louis XV, qui, chacune, avaient adopté
une couleur pour le maroquin destiné aux
livres de leur bibliothèque particulière*.

Comme complément de la physionomie
du livre** ancien, et si l'on a des livres pour

---

* Mᵐᵉ Adélaïde avait adopté le maroquin rouge;
Mᵐᵉ Sophie, le maroquin citron, et Mᵐᵉ Victoire,
le maroquin vert ou olive.

** Le regretté M. Amb. Firmin Didot, dans son
rapport sur la reliure, a émis l'opinion que,
« comme principe général, le choix des couleurs

simple délectation, il faut les avoir complets autant que possible, c'est-à-dire : les allemands revêtus de peau de truie gaufrée, les italiens avec d'élégants compartiments sur les plats, les français *doublés* de maroquin et ornés de ces fines dentelles

plus ou moins sombres, plus ou moins claires (pour les reliures) devrait toujours être approprié à la nature des sujets traités dans les livres. Pourquoi ne réserverait-on pas le rouge pour la guerre et le bleu pour la marine, ainsi qu'on le faisait dans l'antiquité pour les poèmes d'Homère, dont les rapsodes, vêtus en pourpre, chantaient l'Iliade et, vêtus en bleu, chantaient l'Odyssée ? Je me rappelle avoir vu dans la belle bibliothèque de mon père un magnifique exemplaire de l'Homère de Barnès, dont le volume de l'Iliade était relié en maroquin rouge, tandis que l'Odyssée l'était en maroquin bleu. On pourrait aussi consacrer le violet aux œuvres des grands dignitaires de l'Église, le noir à celles des philosophes, le rose aux poésies légères, etc., etc. Ce système offrirait, dans une vaste bibliothèque, l'avantage d'aider les recherches en frappant les yeux tout d'abord. On pourrait aussi désirer que certains genres d'ornements indiquassent sur le dos si tel ouvrage sur l'Égypte, par exemple, appartient à l'époque pharaonique ou arabe, ou française, ou turque ; qu'il en fût de même pour la Grèce antique, la Grèce byzantine ou la Grèce moderne, la Rome des Césars ou celle des papes. »

qui sont le triomphe des Le Gascon et des Du Seuil *.

Il serait de mauvais goût de faire relier dans une *magnifique* reliure moderne un livre ancien qui ne serait habillé que d'une modeste et ancienne reliure, *sans défaut cependant*.

J'estime plus un livre dans son ancienne reliure bien conservée, fût-elle en simple veau, que dans une belle reliure moderne.

« Une reliure ne peut être considérée comme un objet d'art que si elle a été décorée d'une composition savante ou ingénieuse exécutée par une main habile, et la reliure dite janséniste la mieux comprise, la mieux faite, fût-elle signée du relieur le plus célèbre, est seulement œuvre de bon ouvrier. La première des qualités de la décoration d'un livre est d'être appropriée à la nature et au sujet même de l'ouvrage.

« S'il s'agit d'un ouvrage ancien relié à nouveau, ce qui arrive le plus fréquem-

* Piot, *Cabinet de l'Amateur*, 1861, p. 118.

ment, la décoration naturelle est la reproduction d'une reliure de l'époque à laquelle
le livre a été imprimé, et, si la réimpres-
sion est moderne, d'une reliure du temps
où vivait l'auteur. Aussi est-ce avec sur-
prise que nous avons vu des maîtres de la
Reliure moderne, si remarquable d'ailleurs
par des qualités d'exécution jusqu'alors
inconnues, manquer si souvent à ces
principes*. »

Dans l'éloge que Vigneul-Marville fit
de la bibliothèque de Grolier, nous trouvons les passages suivants qui ne sont
point étrangers à la reliure. « Rien ne
manque aux volumes, ni pour la bonté
des éditions de ce temps-là, ni pour la
beauté du papier et la propreté de la
relieure.

« Le titre des livres se trouve aussi sur
le dos entre deux nerfs, comme cela se fait
aujourd'hui (1676), d'où l'on peut con-
jecturer que l'on commençait dès lors à ne
plus coucher les livres sur le plat dans les

---

* *Essai sur la décoration extérieure des livres*,
par Marius Michel.

bibliothèques, selon l'ancienne coutume qui se garde encore aujourd'hui en Allemagne et en Espagne : d'où vient que les titres des livres reliez en vélin qui nous viennent de ces pays-là, sont écrits en gros caractères tout le long du dos des volumes.... »

Notre production intellectuelle est remarquable ; mais il serait à désirer qu'il en restât autre chose dans un siècle qu'un amas informe de chiffons et de bouquins dépareillés, tandis que les ouvrages des XVIIe et XVIIIe siècles resteraient dans leur virginité typographique, délicatement renfermés dans leur reliure originale, « forte comme une écaille, qui semble avoir été faite pour protéger l'œuvre qu'elle renferme pendant les trajets que lui imposent des circonstances plus inconnues les unes que les autres.

« Quelle reliure, même dans son expression la plus ordinaire ! ajoute M. A. de Fontaine de Resbecq dans un ouvrage qu'on lit et relit sans cesse : *Voyages littéraires sur les quais de Paris.*

« J'ai, continue notre intéressant cice-
rone, un exemple de cette étonnante
conservation dans une brochure originale
de Bossuet sur le quiétisme. On voit, par
l'état extérieur de cette plaquette, qu'elle
a dû nécessairement séjourner beaucoup
d'années dans les boîtes des quais : mais,
à l'intérieur, les dorures sont d'une mer-
veilleuse conservation.... »

J.-Ch. Brunet n'a-t-il pas affirmé que
le résultat le plus heureux qu'ait obtenu
son *Manuel du Libraire et de l'Amateur de
livres* était d'avoir suggéré aux amateurs
de ces bijoux littéraires l'idée de les faire
relier avec un certain luxe, ce qui en
assure pour longtemps la conservation.

Un des plus célèbres bibliophiles de la
Hollande, feu M. Jer. de Bosch, de Leyde,
et que nous croyons devoir présenter aux
amateurs comme leur modèle, a exprimé,
dans la préface du catalogue de sa bibliothèque, son ardent amour pour les beaux
livres et la passion avec laquelle il re-
cherchait les meilleurs exemplaires qui
n'étaient que peu ou point rognés, sans

taches et sans aucune espèce de défauts :
« Jam inde a pueritia, dit-il, hanc mihi
bibliothecam comparavi, ea cura ac dili-
gentia, ut nullum librum in eam recipien-
dum existimarem, nisi qui plenus esset et
integer, nullis adspersus maculis, neque
fœdatus lituris, aut vermium dentibus tac-
tus, uno verbo, nullum codicem admitte-
rem nisi qui nitidissime esset conservatus;
quod quam magnam operam postulet...,
facile harum rerum periti intelligent; neque ego hoc ab ullo homine fieri posse
arbitror, nisi ab eo, cui, ut mihi, per
sexaginta fere annos in hac re recte
agenda strenue laborare contigit... Laben-
tibus annis pejoris conditionis codices
ejiciendo et pulchrioris substituendo tan-
tum profeci, ut si... etiam ultimæ vetus-
tatis libros, ex hac bibliotheca in manum
sumas, recentes e prælo te tractare exis-
times.... Quod non necessarium esse pu-
tabunt multi.... quibus sordidis digitis
impressos, maculis, atramento et oleo
inquinatos libros nos quidem relinquimus...
Mihi sive a natura, sive a parentibus da-

tum ut omnes sordes fugiam.. Unde evenit
ut meæ bene instruendæ bibliothecæ curæ
etiam alia successerit.... Hæc, præter in-
teriorem librorum conditionem ad exter-
nam formam spectabat. Quoad quidem
potui exempla mihi comparavi, quorum
margines essent integræ, nec scissæ, i. e.
aratri ferrum non perpessæ... Si quæ vero
occurrerent, quorum margines.... scindi
debere arbitrarer, hac in re ita versatus
sum, ut is cui illud munus... daretur, ca-
veret ne quid detrimenti liber caperet. »

Loin de décroître, le goût des beaux
livres se propage toujours de plus en plus;
et nous connaissons un amateur qui (suivant en cela l'exemple de De Thou) se fait
tirer deux exemplaires, sur papier exceptionnel, des beaux livres qu'il sait en voie
d'exécution. Ces deux exemplaires sont
destinés à n'en faire qu'un seul, puisque,
après avoir choisi les plus belles feuilles, ce
bibliophile détruit les doubles. C'est peut-
être pousser un peu loin la bibliophilie,
mais, comme l'a dit M. Cuvillier Fleury,
il reste toujours quelque chose des folies

du bibliophile ; de celles de l'ambitieux,
du joueur et du libertin il ne reste que
le mal qu'ils ont fait.

Nous avons parlé plus haut (page 68)
du prix que l'amateur attache à l'intégrité
des marges, et nous avons dit que rien
n'était plus précieux dans un livre ; cela
est vrai ; mais nous n'avons pas entendu
parler des fausses marges, qui, dans des
livres tirés sur papiers Whatman, de
Hollande, de Chine, du Japon et autres
papiers de choix, et par une particularité
due aux nécessités du tirage, se prêtent
mal au pliage des formats in-8° et in-12,
ont souvent des dimensions excessives et
forment des volumes disgracieux, absolument carrés, avec des marges disparates et
anormales que, entre parenthèses, le bibliophile Jacob qualifie de *monstrueuses inégalités*.

« Quelques amateurs ne font pas tomber à la reliure ces fausses marges. Il nous
semble meilleur de les rogner, elles proviennent non d'une intention artistique,
mais d'une nécessité matérielle ; ces dif-
férences dans les dimensions des papiers,

loin d'être un ornement, donnent un aspect irrégulier qui ne saurait être agréable *. »

Suivant La Fizelière, la question de ces marges est encore à résoudre : « Une gravure rognée à la marge, disait-il, est déshonorée, il en est de même pour les livres; je veux la marge entière dans un exemplaire *exceptionnel* qui ne me déplaît pas en restant broché. C'est le spécimen du format que donne tel ou tel papier employé pour le tirage. Pourquoi ne pas laisser à nos éditions parisiennes l'avantage d'être recherchées plus tard au même titre que les exemplaires non rognés des éditions elzéviriennes ? Certes, le couteau du relieur abattra ces marges avec plus ou moins de discrétion, mais les volumes qui auront échappé à ce lit de Procuste et gardé toutes les proportions originelles feront les délices des bibliophiles. de l'avenir. »

Il y a des amateurs qui rendent l'éditeur responsable de ces *monstrueuses inégalités*

* *Le Livre du Bibliophile.*

et ne veulent pas entendre que, qui peut plus, peut moins. Nous en parlons ici par expérience personnelle.

Quoi de plus facile, en effet, pour un amateur, qui n'aime ces grandes marges *qui font les délices d'un autre amateur*, que de les faire rogner par le relieur. Il y a moyen de concilier de cette façon et la critique du bibliophile Jacob et la douce manie du regretté La Fizelière

Il nous a paru utile de terminer ce chapitre en donnant un spécimen des différents papiers employés pour l'impression de nos *Éditions de Bibliophiles*. Les amateurs peuvent se convaincre de quel soin nous entourons nos publications.

En résumé, une bonne et élégante reliure dépend autant de l'habileté de l'ouvrier que du goût de l'amateur. Dans ce chapitre, « De la reliure des livres », nous avons mis le bibliophile à même de guider l'ouvrier et de conseiller l'amateur.

PAPIER VERGÉ TEINTÉ

MOYENS DE PRÉSERVER

LES LIVRES DES INSECTES

RDINAIREMENT une bibliothèque a trois sortes d'ennemis assez dangereux : les insectes, l'humidité et les rats; quelques mauvais plaisants y ajoutent les emprunteurs.

Nous ne parlerons ici que des insectes : nous avons indiqué plus haut le moyen de préserver les bibliothèques de l'humidité ; tout le monde connaît les moyens à employer pour détruire les rats* ; quant aux

---

* M. Ludovic Lalanne, dans ses « Curiosités bibliographiques », dit que Pline prétendait qu'en faisant infuser de l'absinthe dans l'encre (qui servait aux copistes) on préservait les livres des souris.

emprunteurs, c'est une grave question dont J. Janin s'est occupé mais qu'il n'a pu résoudre *.

Les insectes ont été de tout temps le

* On demande s'il est juste et prudent de prêter ses livres ? — Vous enfouissez la vérité ! Vous cachez le flambeau sous le boisseau, vous êtes un égoïste, un avare, disent les emprunteurs.

En même temps, ils vous citent la belle inscription de Grolier : *Pour moi et mes amis !* Mieux encore, la devise de Schelcher : *Pour tous et pour moi.*

C'est très bien dit, c'est très bien fait; mais nous avons connu M. de Bure. C'était son usage de choisir lui-même, sur le rayon, l'exemplaire qu'il permettait de tenir un instant.

Scaliger avait écrit au fronton de sa bibliothèque : *Ite ad vendentes !* Charles Nodier avait composé, à l'usage de son ami Pixéricourt, ce petit distique :

> Tel est le sort de tout livre prêté ;
> Souvent il est perdu, toujours il est gâté

Condorcet, mort si misérablement et si glorieusement pour n'avoir pas voulu jeter aux buissons le petit *Horace* in-32 de l'Imprimerie royale qu'il tenait dans sa main lorsqu'il fut arrêté dans une misérable auberge de Sceaux par des patriotes de grand chemin, avait composé, en l'honneur de ses livres bien-aimés, les jolis vers que voici :

> Chères délices de mon âme,
> Gardez-vous bien de me quitter
> Quoiqu'on vienne vous emprunter.

fléau des bibliothèques*, on ne saurait trop mettre de soins à les préserver de ces dangereux bibliophobes.

On connaît plusieurs moyens pour mettre les livres à l'abri des insectes. Le premier consiste dans le choix du bois qu'on emploie pour le corps de bibliothèque et pour les tablettes. Nous en avons parlé plus haut au premier chapitre de cet ouvrage. Le deuxième consiste en une grande pro-

> Chacun de vous m'est une femme
> Qui peut se laisser voir sans blâme
> Et ne se doit jamais prêter.

Certes, ces diverses opinions méritent qu'on s'en inquiète... Or, voici notre avis :

Accepter la devise de Grolier et de Schelcher.

Se conduire à la façon de Scaliger, de Condorcet et de Pixéricourt.

(JULES-JANIN. *L'Amour des Livres.* Paris, 1866.)

* Une des peintures d'Herculanum représente deux bâtons superposés en croix. Au milieu d'eux est un trou ou bouton qui servait à fixer la courroie avec laquelle on serrait le volume. Un livre ainsi attaché se nommait *constrictus liber*, et il était moins exposé à être rongé par les insectes

> Constrictos nisi das mihi libellos,
> Admit tam tineas trucesque blattus.

Une précaution encore plus efficace contre ces rongeurs était la membrane avec laquelle on enveloppait les livres.

preté dans laquelle on doit constamment
entretenir les livres. Plus loin nous indiquerons les autres moyens connus.

Les insectes qui font tant de ravages et
qui, malgré tous les soins, s'introduisent
et se multiplient d'une manière si imper-
ceptible, qu'il n'y a que peu de bibliothèques où leur présence ne se manifeste par
quelques dégâts, sont les larves d'éphémère,
telles que le *Ptinus fur*, L., *Ptinus mollis*,
L., ou *Anibium molle* de Fabricius, ou bien
encore la chenille de l'*Aglosse cuivrée**.

Chrétien Mentzelius, dans l'observation
sur l'espèce de mite dont le cri imite celui
de la poule (*sic*) et qui ronge le papier,
nous fait connaître un autre ennemi des
livres. La mite dont il est question se

---

* La femelle de l'Aglosse cuivrée dépose de pré-
férence ses œufs microscopiques dans la couverture en cuir des livres reliés. Chaque œuf donne
naissance à une très petite chenille qui perce,
pour s'en nourrir, la substance de la couverture
du livre, puis le livre lui-même. C'est ainsi qu'on
trouve des livres percés de part en part d'une
galerie cylindrique, au fond de laquelle se tient
un très petit ver blanchâtre : c'est la chenille de
l'Aglosse cuivrée.

cache dans les livres, les ronge et se nourrit
de la colle dont on les enduit en les re-
liant; elle est de la grosseur d'une puce.
« Un jour, étant occupé à travailler dans
mon cabinet, dit-il *, j'entendis un bruit
réitéré, qui ressemblait au gloussement
d'une poule, d'abord je ne savais si ce
bruit était occasionné par une poule du
voisinage ou si les oreilles me tintaient;
mais, au moment de cette incertitude,
j'aperçus une mite qui était dans le papier
même sur lequel j'écrivais à la chandelle,
et elle ne cessa de glousser que quand je
l'observai avec un verre qui me la fit paraître quatre ou cinq fois plus grande
qu'elle ne l'était.

« Il m'est arrivé d'examiner à deux différentes fois un de ces insectes qui glous-
sait dans un livre relié en bois; peut-être
appelait-il sa femelle ? Ce petit animal, vu
avec un verre qui grossit les objets, m'a

* Collection académique composée des mémoires
des plus célèbres académies étrangères, trad. en
français (par Paul, Keralio, Robinet, etc.). Dijon
et Paris, 1755-79, 13 vol. in-4°.

paru peu différent de l'insecte dont Goë-
dard a parlé dans son *Traité des Métamor-*
phoses, part. I, obs. 60, si ce n'est qu'il a
des ailes, que ses couleurs sont moins
variées, et que sa couleur, qui est foncée,
est disposée par des taches éparses sur tout
le corps.

« Cette mite a sur le dos une crête
oblongue de couleur grise, elle porte la
tête basse et rapprochée de la poitrine;
c'est en frappant l'aile l'une contre l'autre
qu'elle excite un bruit qui imite le gloussement d'une poule. »

On voit par ce qui précède combien sont
nombreux ces insectes qui occasionnent
quelquefois des dégâts irréparables; nous
ne citerons qu'un exemple pour montrer
aux amateurs combien l'absence de précautions peut amener de ravages dans une
bibliothèque *.

---

* Le dommage que les vers causent aux livres
les plus précieux n'est que trop connu des bibliophiles; mais les personnes qui n'ont vu les livres
que tels qu'ils sortent des mains du relieur, ou
dont on se sert continuellement, ne peuvent s'en
faire une idée.

M. Fabbroni (qui était directeur du musée de Florence, et qui possédait une magnifique bibliothèque) trouva, après une année d'absence de sa patrie, un tel dégât dans les bois et les meubles, causé par les dermestes, dans les livres, abîmés par les larves d'éphémère, qu'il lui parut presque impossible de la garantir d'une destruction totale ; cependant il en trouva bientôt les moyens. Il boucha d'abord, avec du stuc et de la cire, les petits trous des bois ; mais, peu après, il vit paraître de nouveaux vers ; il fallait leur rendre mortelle chaque partie du bois qu'ils pouvaient attaquer. Il plongea les bois ordinaires dans l'orpin à l'huile ou à la colle ; pour les autres, il les fit oindre, une fois par mois, avec de l'huile d'olive dans laquelle on avait laissé bouillir de l'arsenic jusqu'à ce que la couleur et l'odeur annonçassent que la dissolution s'était opérée. Le nombre des dermestes diminua sur-le-champ, et ils finirent par disparaître.

On ne pouvait employer un semblable moyen pour les livres. M. Fabbroni résolut

d'oindre avec de l'eau-forte le dos et les côtés des volumes ; à l'instant les dermestes abandonnèrent leur demeure et errèrent sur le bord des tablettes ; mais cette huile bouillante s'étant volatilisée et évaporée, les dermestes commencèrent à se développer de nouveau. Il voulut, du moins, garantir de la contagion les livres qu'il faisait relier. Il avait vu que, parmi beaucoup de cartons abîmés, un seul était resté intact, parce que, dans la colle de farine dont il s'était servi pour le faire, il avait mêlé trois onces de térébenthine. Il ordonna donc que les reliures fussent faites avec du carton travaillé avec du mortier, ou bien formé dans la pâte des papeteries, et collé, non pas avec de la farine pure, mais avec le mélange que nous venons d'indiquer.

Pour les manuscrits, il eut de plus la précaution de faire mettre une feuille d'étain entre les cartons et la couverture, dans la persuasion que, comme il n'y a pas de fourmis blanches dans son pays, aucun insecte de la campagne n'aurait la force de ronger ce métal.

Ces précautions eurent le plus heureux succès*.

Ce n'est pas seulement en Europe que les vers font le plus de ravages dans les bibliothèques. M. Ansse de Villoison nous apprend, à la suite de son ouvrage**, que ces insectes sont un des plus grands fléaux du Levant, et plus dangereux que dans nos contrées. Toutes les bibliothèques des Jésuites à Salonique, Scio, Santorin, Naxos et Constantinople, tombent en poussière. Les manuscrits en parchemin subissent le même sort, quoique plus tard.

Ce n'est certes pas dans les bibliothèques qui sont souvent ouvertes et dont les livres sont maniés fréquemment que les insectes peuvent faire des dégâts ; mais il est bon de prendre quelques précautions pour sa bibliothèque, lorsque, par exemple,

---

* La Bibliotheca ; lettera di Giovanni Fabbroni, uno dei XL della societa italiana delle scienze, a Pompilio Pozzetti, delle scuollo pie, socio e segretario della medesima. *Modena, s. d.*

** Anecdota græca e Regia Parisiensi, et e Veneta S. Marci Bibliothecis deprompta edidit J. B. d'A. de V.

on doit s'absenter pour un temps plus ou moins long.

· Nodier, dans ses « Mélanges de littérature et de critique, » nous apprend qu'il a eu le bonheur de conserver ses insectes et ses livres *dans des meubles très altérés;* « je l'ai attribué, dit-il, du moins au soin que j'ai eu d'y renouveler souvent, quand je l'ai pu, le *Trichius** Ermita, qui, sans être fort commun, se rencontre en divers lieux d'Europe, et notamment aux environs de Paris. »

Boulard conseille les odeurs fortes et surtout celle du cuir de Russie; cette dernière non-seulement garantit les livres reliés avec ce cuir mais encore suffit souvent à préserver ceux qui les environnent.

---

* Les entomologistes ont donné à un beau *Trichius*, qui répand l'arome du cuir de Russie à un degré très exalté, le nom d'*Ermita*, parce qu'ils ont cru remarquer que les autres espèces et même celles qui vivent le plus fréquemment dans les troncs du saule et du poirier n'en approchent plus dès qu'il s'y trouve (Nodier. Bulletin du Bibliophile).

Une autre reliure donnant peu ou point d'accès aux vers est celle usitée dans les anciennes bibliothèques d'Espagne, de Portugal et d'Italie; elle ne consiste qu'en une couverture de parchemin (sans carton) recourbé sur la tranche, qui plutôt n'est qu'une brochure battue, cousue sur nerfs et couverte de parchemin.

L'expérience de quatre siècles a prouvé que, sans le voisinage des reliures en bois ou en velours, aucun des livres ainsi reliés n'eût été atteint de vers[*].

D'Alembert, dans ses « Observations sur les insectes qui rongent les livres », donne aussi plusieurs moyens qu'il a employés pour se débarrasser de ces incommodes visiteurs.

« J'ai vu tant de personnes, dit-il, accuser les teignes de manger les livres, que je crois devoir, à ce sujet, publier ce que j'ai appris par mes observations et mes

---

[*] Les anciennes reliures en bois, même quand elles sont couvertes de peau, sont les berceaux des vers; il faut donc les reléguer, sans exception, dans l'endroit le plus écarté d'une bibliothèque.

expériences. Ces insectes ne sont en aucune façon coupables des ravages qu'essuient nos bibliothèques ; mais on doit s'en prendre à un tout petit escarbot qui, dans le mois d'août, fait ses œufs dans les livres et principalement du côté de la reliure ; il en sort une mite qui ressemble à celle qui s'engendre dans le fromage : c'est elle qui ronge les livres et non l'escarbot ; cependant il semble qu'elle ne mange le papier que parce qu'elle y est forcée ; car lorsque le temps de sa transformation s'approche, elle cherche a se donner de l'air, surtout lorsqu'elle est bien avant dans le livre ; alors elle ronge à droite et à gauche jusqu'à ce qu'elle ait atteint l'extrémité du livre, et qu'elle en soit sortie.

« L'escarbot, qui se forme de cette mite, ne peut point mordre comme elle, et n'est pas capable de percer un livre de part en part. Toutes les mites de bois travaillent de la même manière, avant de se transformer en escarbot. Je connais aussi une seule espèce de chenille, qui mange le bois de la saule et le perce d'une écorce à l'autre avant de se transformer en papillon.

« J'ai fait plusieurs essais pour ôter à cette espèce de mite le goût fatal qu'elles ont pour nos livres, et surtout pour les herbiers, dont elles mangent aussi les plantes, ce qu'aucun autre insecte ne fait ordinairement. On doit en attribuer la cause aux cartons et à la colle dont les relieurs se servent pour coller le papier et le parchemin ou le cuir des reliures ; ils font cette colle avec de la farine noire ou autre, que la mite aime beaucoup et qui attire pareillement l'escarbot ; j'ai essayé de mêler dans cette colle des choses amères, comme l'absinthe, de la coloquinte, etc., mais sans aucun succès. Le seul remède que j'ai trouvé a été dans l'emploi de sels minéraux, qui résistent à tous les insectes ; le sel appelé *arcanum duplicatum*, l'alun, le vitriol sont propres à cet effet ; mais les sels végétaux comme la potasse, le sel de tartre, etc., ne le sont point. Ces derniers se dissolvent aisément dans un air humide et font des taches dans les livres. Lorsqu'on mêlera un peu de ces premiers sels dans la colle, les vers ne toucheront jamais aux livres, qui seront préservés des attaques de toutes sortes d'insectes. »

Prediger* a confirmé d'avance ce que d'Alembert donne plus haut comme une chose qu'il a éprouvée. Il prétend que les vers ne toucheraient pas aisément aux livres si les relieurs, pour faire leur colle, se servaient d'amidon au lieu de farine; il dit encore que, pour préserver les livres des insectes, il faut mettre entre le livre et la couverture de l'alun pulvérisé, mêlé d'un peu de poivre fin, et qu'il convient même d'en répandre un peu sur les tablettes de la bibliothèque. Il ajoute que, pour garantir une bibliothèque des vers, il faut frotter les livres fortement dans les mois de mars, juillet et septembre avec un morceau d'étoffe saupoudré d'alun pulvérisé.

M. Ed. Fournier, dans son ouvrage :

* Voyez : Instructions pour les relieurs, par Prediger (en allemand). Leipzig, 1741.

« l'Art de la reliure en France aux derniers siècles », nous apprend ceci : « Par une lettre du 31 mai 1823, que nous avons vue autographe, dit-il, M. Mérimée père, alors directeur de l'École des beaux-arts, conseillait à M. Duchêne aîné de proposer à la Bibliothèque du Roi l'usage des cuirs odorants, si favorables à la conservation des livres, et que nous devrions adopter, ne fût-ce que pour imiter les Anglais, si engoués de ces sortes de reliures. On ne fit rien, ou presque rien de ce conseil. » — Lesné est d'avis que le meilleur préservatif serait d'employer, au lieu de colle de pâte, la colle-forte, comme font les Anglais.

Un autre moyen, mais impraticable, à notre avis, est celui qu'indique Peignot. « Les livres attaqués par les vers, dit-il, doivent être battus, mis à l'air et exposés à une fumigation de soufre. La vapeur de ce minéral les tue lorsqu'ils sont insectes parfaits, mais ne produit aucun effet sur les œufs ; ainsi il faut attendre le temps où ils éclosent ordinairement, c'est-à-dire vers

15

le mois de mars. On peut aussi fumiger
en été. »

On voit que presque tous les auteurs
qui ont écrit sur les « insectes qui rongent
les livres » s'accordent à dire que la colle
dont on se sert est la première cause de
tous les dégâts commis par ces dangereux
bibliophobes.

Plusieurs amateurs nous ont exprimé le
désir d'avoir la reproduction d'une magnifique reliure que nous possédons dans
notre collection, et qui, comme exemple,
est le plus frappant que l'on puisse donner
d'une reliure rongée par les vers. Il nous
a paru curieux, en effet, de la reproduire
ici; les bibliophiles pourront avoir une idée
des ravages causés par les dermestes dans
les bibliothèques. — Voir les planches VII
et VIII.

Après un tel exemple, il est inutile,
croyons-nous, d'insister sur l'urgence qu'il
y a de prendre toutes les précautions nécessaires pour éviter le retour de pareils
dégâts; et, l'expérience nous ayant aussi
convaincu qu'il faut éloigner des livres

toute chose propre à engendrer des vers,
comme il est bien rare que toute personne
qui s'occupe de livres n'ait pas besoin de
colle pour quelques réparations à faire, soit
aux reliures, soit aux livres, nous allons
indiquer un moyen de préserver la colle de
la moisissure, des insectes et des vers.

Cette recette nous est fournie par le
Bulletin du Bibliophile belge.

L'alun employé par les relieurs n'est pas
un préservatif absolu, quoiqu'il contribue
beaucoup à la préservation et la conservation des peaux. La résine, en usage parmi
les cordonniers, est préférable et agit entièrement dans le même sens ; mais l'huile
de térébenthine a beaucoup plus de puis-
sance encore ; la lavande et autres substances
aromatiques d'une odeur forte, comme le
poivre, l'anis, la bergamote, réussissent
parfaitement, même en très mince quantité ;
elles conservent la colle pendant un temps
illimité. La meilleure colle est faite de
fleur de farine ordinaire ; on y ajoute de
la cassonnade grise et une portion de
sublimé corrosif. Le sucre lui donne du

liant et empêche la formation des écailles sur les surfaces polies. Le sublimé la défend des insectes et de la fermentation. Ce sel ne prévient pas la moisissure ; mais, comme deux gouttes d'huile suffisent pour l'empêcher, toutes les causes de destruction sont ainsi enlevées. Cette colle, exposée à l'air, durcit sans se décomposer et devient semblable à la corne ; il faut la mouiller quelque temps avant d'en faire usage. Gardée dans un vase hermétiquement fermé, elle peut servir en tout temps sans autre préparation. »

Nous terminerons en donnant un dernier conseil aux bibliophiles et aux amateurs qui veulent bien nous lire.

Ne jamais se servir de lainage pour l'entretien et la propreté des livres.

Planche VII.

gravure Dujardin aîné.

Planche VIII.

Imp. Lemercier et Cie Paris.

DES SOUSCRIPTIONS ET DE LA DATE

A souscription, dit Boulard *, et après lui P... (Psaume) ** est la formule par laquelle finissent tous les ouvrages imprimés au XVe siècle ; elle était ordinairement conçue en ces termes : *Explicit Liber qui dicitur,* etc. ; ensuite se trouvait le nom de la ville, celui de l'imprimeur, la date de l'année et du mois où il avait été imprimé ; mais quelquefois on n'y voyait ni nom d'imprimeur, ni date, ni nom de ville.

Dans les premiers temps, cette souscription était en vers et commençait

---

* *Traité élémentaire de bibliographie.*
** *Dictionnaire de bibliographie.*

par la formule que chaque imprimeur avait adoptée*; mais quelquefois elle était en prose : on en trouve un nombre égal des unes et des autres.

P... (Psaume) fait remarquer avec justesse que dans beaucoup de livres du xvᵉ siècle on trouve des souscriptions manuscrites, ce qui, continue-t-il, ne doit pas peu contribuer à jeter de la défiance sur certaines dates. Au reste, il a été souvent reconnu que des souscriptions imprimées n'étaient pas exemptes de fraudes.

La date s'écrivait de plusieurs manières. En chiffres romains ou en chiffres arabes et en toutes lettres.

* Cette formule, à quelques modifications près, était toujours la même :

= J. Fust et P. Schœffer terminaient ainsi :

> *Præsens hoc opus, artificiosa adinventione imprimendi, seu caracterisandi absque calami exaration in civitate Moguntina sic effigiatum et ad Eusebiam.*

= Jean de Spire à Venise :

> *Primus in Adriatica formis impressit æneis Urbe libros Spira genitus de stirpe Joannes. In reliquis si quanta vides, etc.*

L'usage d'exprimer la date d'un livre en chiffres romains remonte aux premiers temps de l'imprimerie et a été adopté par la majorité des imprimeurs.

Si l'emploi des chiffres arabes ne peut être sujet à aucune variation, il n'en est pas ainsi des chiffres romains; la manière quelquefois bizarre et embarrassante dont les imprimeurs ont modifié les mêmes signes pour exprimer des quantités différentes fait penser que leur but était de les rendre inintelligibles.

La connaissance des chiffres romains n'étant pas seule nécessaire pour se prononcer avec certitude sur certaines dates, et les personnes les plus versées dans cette connaissance étant quelquefois embarrassées et forcées d'examiner avec attention la position de ces signes pour se prononcer avec certitude, nous croyons devoir donner une table des chiffres romains et y joindre des exemples qui mettront les nouveaux bibliophiles à même de connaître les diverses combinaisons employées par les imprimeurs pour augmenter et modifier la valeur de ces signes numériques.

I	=	1	L	=	50
II	=	2	LX	=	60
III	=	3	LXX	=	70
IIII ou IV	=	4	LXXX ou XXC	=	80
V	=	5	LXXXX ou XC	=	90
VI	=	6	C	=	100
VII	=	7	CC	=	200
VIII	=	8	CCC	=	300
VIIII ou IX	=	9	CCCC ou CD	=	400
X	=	10	D	=	500
XX	=	20	DC	=	600
XXX	=	30	DCCCC ou CM	=	900
XXXX ou XL	=	40	M	=	1000

On voit par le tableau ci-dessus que le chiffre moindre, lorsqu'il précède un chiffre plus fort, en diminue la valeur de la même quantité dont il l'augmenterait s'il se trouvait placé après.

Ainsi: V vaut 5, s'il est seul; il vaut 6 s'il est suivi d'un I (VI = 6), au lieu que si l'I le précède, il ne vaut que 4 (IV = 4).

C'est comme si l'on disait : cinq moins un — cinq plus un. Il en est de même de l'X précédé ou suivi de l'I (IX vaut 9, tandis que XI vaut 11), de L précédé ou suivi de X (XL vaut 40, tandis que LX vaut 60), du C également précédé ou suivi de l'X (XC vaut 90, tandis que CX vaut 110); et ainsi de suite pour tous les chiffres romains placés avant ou après un autre.

Ces explications que nous avons cru nécessaires, et dont un grand nombre de bibliographes n'ont pas dédaigné de s'occuper, paraîtront peut-être superflues à un grand nombre de personnes; aussi, nous hâtons-nous de déclarer que nous ne nous adressons qu'aux nouveaux bibliophiles, que ce n'est que des « connaissances *nécessaires* à un bibliophile » que nous voulons nous occuper, et que nous ne négligerons rien pour arriver à notre but.

S'il est facile, d'après la connaissance de la valeur des chiffres romains, de savoir quelle est la date ou la quantité qu'on a voulu désigner, lorsque la marche ordinaire a été suivie, il n'en est pas de même de certains ouvrages du xvᵉ siècle et même des siècles suivants, principalement parmi ceux imprimés en Hollande, dans lesquels

15

la méthode ordinaire a été intervertie et dont les. dates demandent un examen attentif.

Nous allons rapporter ci-dessous celles' qui nous ont paru les plus singulières ou les plus difficiles à deviner :

M	CCCC iiij XX VIII	=	1488
M	iiiic iiii XX Viij	=	1488
M	LCXV	=	1495
M	CD XCV	=	1495
M	CD XC VI	=	1496
M	iiij D	=	1496
M	iij D ou MIII D	=	1497
M	CCCC XC Viij	=	1498
M	CCCC IIC	=	1498
M	CD XC IX	=	1499
M	cccc ID	=	1499
M	CDC II	=	1502
M	IƆ VIII	=	1508
M	'Ɔ XX	=	1520
M	D XL IIX	=	1548
cƆ 'Ɔ	LIIII	=	1554
cƆ 'Ɔ	XC VI	=	1586
cIƆ IƆ	CX	=	1610
cIƆ IƆ	CXX VI	=	1626

On connaît aussi beaucoup d'ouvrages dont la date se trouve écrite en toutes lettres et pour lesquelles la connaissance des langues mortes et vivantes est nécessaire :

= Anno domini Millesimo quadringente-
    simo octogesimo tercio = 1483[*].

= Im iar nach Cristi geburt Tausend
    fünfflhundert und vier und zwentig
    = 1524[**].

= Anno quingentesimo sexto supra
    millesimum = 1584[***].

= Anno supra sesquimillesimum sexto
    = 1506[****].

Plusieurs ouvrages ont une partie de la
date écrite en lettres tandis que l'autre est
en chiffres romains :

= Anno millesimo CCCC octogesimo
    = 1488.

Quelques ouvrages portent, sur le
frontispice, une date différente de celle qui
se trouve à la fin ; et il arrive encore que,
lorsqu'il y a plusieurs volumes, chaque
volume porte une date différente, de
manière que le premier semble plus
ancien que les autres, ce qui pourrait faire

---

[*] Freytag, Adparatus litterarius I, page 139.
[**] Freytag, Adparatus litterarius I, pag. 148.
[***] Freytag, Adparatus litterarius I, pag. 170.
[****] Freytag, Adparatus litterarius I, pag. 865.

croire que l'exemplaire que l'on possède est rappareillé. — Entre autres exemples, on peut citer celui de Cicéron imprimé par les Junte, dans lequel le premier volume est de 1537 et le troisième de 1536, bien qu'il n'y ait eu qu'une seule édition.

Il existe un grand nombre d'ouvrages qui ne portent ni date, ni désignation de ville, ni nom d'imprimeur; toutefois, un bibliophile doit s'attacher à deviner, pour ainsi dire, l'un et l'autre. Mais, comme il ne peut le faire que par conjecture, et en comparant les usages du temps, la forme des caractères, la marque du papier, etc., il est difficile de faire un jugement dont on puisse affirmer l'exactitude.

Bien que la comparaison des caractères soit la méthode la plus usitée, néanmoins, elle n'est pas infaillible. En supposant même que chaque imprimeur se servît exclusivement d'un caractère, n'est-il pas possible qu'à sa mort ce caractère soit passé dans les mains d'un autre imprimeur, et même ait été transféré dans une autre ville? Un imprimeur ne pouvait-il pas réimprimer

d'anciens ouvrages sortis de ses presses,
ou bien l'acquéreur de l'imprimerie faire
la même chose? Jean Schoiffer, fils de
P. Schoiffer, n'a-t-il pas réimprimé, en
1516, un psautier qu'il aurait pu donner
pour une édition de 1459, 1490 ou 1502,
puisqu'il s'est servi des mêmes caractères,
s'il avait voulu suivre les usages de ponc-
tuation, etc., de son père *.

On trouve plusieurs exemples de la
fausseté des dates, ou par quelques erreurs
dans les chiffres, ou parce que l'imprimeur
l'a désignée par un motif particulier. Ces
erreurs ou cette fraude ont quelquefois
trompé des bibliographes très instruits ;
mais il n'est pas impossible de les reconnaître
au moyen d'un peu d'attention, pour peu
qu'on soit versé dans la connaissance des
anciennes éditions. Par exemple, la date de
la *Biblia sacra,* Embricæ, Gruninger 1465,
est évidemment fausse, puisque Gruninger
n'a rien imprimé avant 1490 ; mais on doit

* Voir le chapitre : Des signes distinctifs des
anciennes éditions.

présumer que, par une faute typographique, le 9 a été retourné et n'a indiqué qu'un 6. Le *Decor puellarum* de Jenson, imprimé à Venise en 1461, est de 1471 [*], encore par une faute typographique non corrigée[**]. Mais les deux dates dont la fausseté est indiscutable, sont celles dont Marchand fait mention et dont il signale l'inexactitude [***]. On voit, dit-il, dans la bibliothèque de Sorbonne, deux imprimez *in-folio*. L'une (sic) finit par ces termes : *Flores de diversis Sermonibus et Epistolis B. Bernardi, per me Joann. Koelhof de Lubeck, Coloniensem Civem, impressi An. MCCCC. feliciter finiunt...* l'autre, une édition du *Manipulus Curatorum* de Guy de Mont-Rocher, impriméz

---

[*] Voyez Bernard : *De l'origine et des débuts de l'imprimerie en Europe*, II, 174.

[**] Sardini, dans le livre si curieux qu'il a consacré à Jenson sous le titre : « *Esame sui principi della francese ed italiana tipografia, ovvero storia critica di Nicolao Jenson. Lucques 1796-1798* », a prouvé que le *Decor puellarum* était de 1471 et non de 1461 comme le porte par erreur le livre.

[***] *Histoire de l'origine et des premiers progrès de l'imprimerie. La Haye* 1740, IIe partie, pag. 109 et suivantes.

à Paris, *in-quarto*, où on lit ces termes écrits en cette manière : *Completus Parisus Anno Domini millesimo CCCC. vicensimo tertio. Amen.*

Enfin, dit Namur, il n'est pas rare de trouver dans la souscription des livres des termes énigmatiques dont il faut deviner le sens. Les uns indiquent d'une manière précise l'année où l'ouvrage fut achevé [*], d'autres donnent le nom de l'auteur d'une

---

[*] A la fin du *Doctrinal du temps,* par Pierre Michault, secrétaire de Charles, duc de Bourgogne, on lit le quatrain suivant, imprimé, dont nous suivons exactement l'orthographe :

> « Vn trepier et quatre croissans
> « Par six croix auec sy nains faire
> « Vous feront estre congnoissans
> « Sans faillir de mon miliaire

« Cy fine le Doctrinal du temps présent
« Imprime par Colard Mansion à Bruges. »
Suit le monogramme.

Le quatrain de cet ouvrage satirique, moral et allégorique, indique énigmatiquement, d'une manière précise, l'année où il fut achevé et non celle de l'impression, comme l'ont fort mal à propos prétendu plusieurs auteurs qui en ont voulu faire une édition de 1466. Par un trépied, Michault entend une M; par quatre croissants, quatre C; par six croix, six X; et par six nains, six I, formant ensemble M.CCCC.XXXXXX.IIIIII (1466).

manière énigmatique dans des vers, qui sont à la fin, intitulés : *Dic subscripcie.*

Il y aurait beaucoup à écrire sur certaines éditions offrant des dates inintelligibles ou sur les dates inventées à plaisir; mais, comme l'a fait observer M. G. Brunet, c'est un chapitre qui rentre dans l'histoire des singularités typographiques, dont nous n'avons pas à nous occuper ici.

DE LA COLLATION DES LIVRES

IL faut toujours que le libraire collationne les livres anciens et en fasse part à l'amateur.

Par la collation on s'assure que l'ouvrage est complet, et qu'il n'a ni taches, ni piqûres de vers, ni déchirures, enfin qu'il n'y existe aucune imperfection qui puisse en diminuer la valeur et autoriser à le rendre au vendeur. Il y a lieu d'examiner aussi s'il n'y a pas de feuilles déplacées, si toutes les gravures s'y trouvent, si les cartes et grandes feuilles sont collées avec onglet et pliées de manière que l'on puisse les développer avec facilité, sans risquer de les déchirer.

La collation, avant la reliure comme après, est en outre une chose nécessaire à connaître ; car elle donne la certitude qu'un ouvrage est complet et sans défaut.

Cette opération demande beaucoup d'application et une connaissance particulière des livres, surtout lorsqu'il s'agit des impressions des premiers temps de la typographie qui présentent de grandes difficultés ; et qui, par leur ancienneté et leur rareté, exigent un examen plus scrupuleux.

Parmi les différentes manières de collationner un livre, la plus usitée est celle qui se fait par le moyen des chiffres placés en haut des pages*. Mais pour éviter une

---

* Selon La Serna Santander, les chiffres de pagination ne datent que de 1471, puisqu'ils se voient pour la première fois dans le *Liber de remediis utriusque fortunæ* (non pas celui de Pétrarque, mais celui d'Adrien le Chartreux). *Coloniæ, Arn. Therhoernen*, 1471, *die octava Februari*, in-4°. Depuis cette assertion, cet ouvrage n'a plus l'autorité pour les chiffres puisqu'on en a trouvé un autre du même imprimeur publié

méprise on doit consulter la réclame[*].

Pour ce genre de collationnement, on le fait plus commodément en mettant le livre à plat sur une table, et on se sert de la pointe d'une aiguille, d'un canif ou d'un poinçon. On tient la pointe de la main droite et le livre sous la gauche ; et, piquant légèrement le bout d'en bas d'une feuille, on lève chaque fois les feuillets de chaque

---

à Cologne en 1470 et intitulé *Sermo prœdicabilis in festo prœsentationis beatissimœ Mariœ, Per impressionem multiplicatus, sub hoc currente anno* *M⁰ CCC⁰ LXX⁰*, petit in-4⁰ composé de 12 feuillets et de 27 lignes à la page.

[*] L'une et l'autre de ces deux méthodes ne sont pas toujours suffisantes pour s'assurer si un ouvrage qui a paru complet, l'est réellement. Dans un ouvrage de plusieurs tomes, dans l'inquarto, par exemple, la signature A ou 1 finit à la page 8, celle B ou 2 commence à la page 9, et ainsi de suite jusqu'à la fin ; or, la même signature porte aussi les mêmes chiffres de pagination dans les tomes suivants, et si, par hasard, un relieur a mis un cahier d'un tome dans un autre, et que ce soit la même lettre paraissant devoir occuper cette place, alors il devient difficile de collationner. Pour obvier à cet inconvénient, les imprimeurs contemporains ajoutent, vis-à-vis la signature de la feuille, le numéro du tome, si l'ouvrage est divisé en plusieurs tomes.

cahier qui portent des signatures, commençant par la lettre A ou le chiffre 1. Quand on ne voit plus de signature on tourne les feuillets, on renverse le cahier à gauche, mettant toujours la bonne lettre contre la table et la dernière page de la feuille à découvert. On fait la même opération sur la feuille suivante qui est signaturée B ou 2, et on continue ainsi jusqu'à la dernière feuille.

Si on veut faire le collationnement au moyen des chiffres qui se trouvent en haut des pages, on opère de même.

Cette façon de collationner un livre, au moyen d'une pointe quelconque, est très expéditive ; et, avec un peu d'habitude, on peut arriver au collationnement d'un ouvrage de plusieurs feuilles en quelques instants.

S'il est facile de collationner un livre qui possède tout ce qui peut en faciliter la collation, combien de difficultés ne rencontre-t-on pas dans celui qui date des premiers temps de l'imprimerie, puisqu'il est sans chiffre, signature et réclame*. Cette difficulté est quelquefois telle qu'il n'est possible de s'assurer qu'un exemplaire est complet, qu'en le conférant avec un autre auquel on est certain que rien ne manque**.

Les ouvrages qui doivent être ornés de figures demandent d'autres connaissances et un autre genre de lumières et d'attention, parce que ces figures sont susceptibles de diverses modifications, soit quant au nombre, soit quant à la qualité. Quant au nombre, parce qu'il serait possible

---

* On peut avoir recours, pour la collation de ces livres, au registre qui se trouve à la fin d'un grand nombre d'ouvrages du xve siècle. Le *registre* (registrum chartarum) consistait à rappeler, dans une petite table, les premiers mots des feuilles. Malheureusement peu d'ouvrages pour lesquels avaient été imprimés ces registres les possèdent. Le feuillet sur lequel il était imprimé se trouvait à la fin du livre; et, une fois que le relieur s'en était servi, il était le plus souvent exposé à être déchiré. On vit le registre pour la première fois, dans le *Cæsar* de 1469.

** Cette ressource, lorsqu'il est encore possible de se la procurer, est infiniment précieuse; et il est bon de consulter en pareil cas les ouvrages de Maittaire, Panzer, La Serna, Hain, etc., sur les ouvrages des xve et xvie siècles.

qu'on en eût soustrait quelques-unes qui n'auraient paru qu'après l'ouvrage fait et livré ; quant à la qualité, parce qu'elle consiste dans des épreuves qui sont avant la lettre, sur chine ou sur autre papier, ou du moins en premières épreuves, avec les remarques qui servent à les faire connaître.

Il est donc nécessaire de connaître le nombre de figures qui enrichissent un ouvrage, ainsi que l'endroit où elles doivent être placées ; il faut les compter et surtout prendre garde qu'il s'en trouve quelqu'une répétée à la place de celle qui doit s'y trouver, ce qui arrive quelquefois*.

Ces figures peuvent encore être tirées en couleur, ou bien même coloriées, comme dans la plupart des ouvrages sur l'histoire naturelle : dans tous ces cas, il est néces-

---

* Par exemple : L'*Orlando furioso adornato di fig. di rame da Gir. Porro, de l'Arioste, Venetia,* 1584, où la figure du 34ᵉ chant manque presque toujours ; mais, pour masquer ce défaut, on a mis à sa place celle d'un autre chant. Dans d'autres ouvrages, il y a des figures qui doivent être doubles, ou, du moins, porter les remarques qui indiquent que ce sont des premières épreuves.

saire d'apporter beaucoup d'attention, afin
de découvrir les supercheries qu'on aurait
pu mettre en œuvre. Il faut examiner aussi
si les figures sont d'une égale beauté et
n'ont point été mélangées, ce qui ne
pourrait former qu'un exemplaire médiocre.

Il y a des ouvrages composés de différentes pièces, de manière que chaque traité
semble former un ouvrage seul et indépen-
dant, parce que le chiffre du haut des
pages et les signatures recommencent à
chacun des traités ; ces ouvrages sont très
difficiles à collationner, à moins qu'on ait
des renseignements positifs sur l'ordre
d'assemblage par rapport au temps où ils
ont été composés ou aux matières dont ils
traitent ; ou, ce qui vaut mieux, un
exemplaire complet du même livre*.

---

* Parmi ces ouvrages, on peut citer : *Historiæ
sive synopsis methodicæ conchyliorum, quorum
omnium pictura ad vivum delineata exhibetur,
libri IV, cum appendicibus, auct. (Martinus) Lister.
Londini*, 1685-93, pet. in-fol. — *Harmonie universelle, contenant la théorie et la pratique de la
musique, où il est traité de la nature des sons et
des mouvements, des consonnances, des dissonnances,
des genres, des modes, de la composition, de la*

Il n'est pas très-aisé non plus de collationner les ouvrages de certains auteurs, qui ont composé un grand nombre de pièces peu volumineuses sur diverses matières, lesquelles ont été imprimées à des époques éloignées l'une de l'autre *.

Une autre espèce d'ouvrages bien plus pénible à collationner est celle dans laquelle doivent se trouver des cartons **.

voix, *des chants et de toutes sortes d'instruments harmoniques, par Marin Marsenne. Paris, Sébastien Cramoisy, ou Richard Charlemagne ou Pierre Baltard,* 1636-37, 2 tomes in-fol., fig., etc.

* Tels sont ceux de *Catharinot,* de *Bernard,* de *Bluet d'Arberes,* qui prenait le titre de : Comte de Permission, et de quelques autres originaux *ejusdem farinæ,* dont les productions sont difficiles à trouver complètes.

** Les cartons sont des feuillets qu'on veut substituer à quelques autres, soit en vue de remédier à quelques erreurs typographiques, trop considérables pour pouvoir être renvoyées à l'*errata* qui se met à la fin de l'ouvrage, soit pour obéir aux exigences de la censure ou pour d'autres considérations analogues. D'autres cartons, au contraire, servent dans quelques ouvrages pour l'impression de passages libres, et qui ne se vendent que sous le manteau. Un travail intéressant a été publié sur les ouvrages à cartons. — *Les livres cartonnés,* par Philomneste Junior, petit in-8º.

Il existe enfin d'autres ouvrages dont la collation présente de grandes difficultés ; ce sont ceux qui, étant terminés et n'ayant rien pour indiquer qu'ils doivent avoir une suite, passent néanmoins pour imparfaits lorsqu'on n'y a pas joint un traité, une dissertation ou quelques autres pièces données après coup et qu'on a l'habitude d'y joindre. Tels sont, par exemple, le *Lib. V, qui est de serpentium natura ; adjecta est ad calcem scorpionis insecti historia,* qui est la suite de l'ouvrage de *Cour. Gesnerus : Historia animalium. Tigurini, Froschover,* 1551-87, in-fol. — *La Dissertation historique sur quelques monnoyes de Charlemagne, de Louis le Débonnaire, etc., frappées dans Rome. Paris, J.-B. Coignard,* 1689, in-4°, fig., qui doit être jointe au *Traité historique des monnoyes de France, avec leurs figures, depuis le commencement de la monarchie jusqu'à présent, par Fr. le Blanc. Paris, J. Boudot,* 1690, in-4°, fig., etc.

18

DES ABRÉVIATIONS

USITÉES DANS LES CATALOGUES

POUR INDIQUER LES CONDITIONS

L A bibliographie, comme chaque art et chaque science, a sa langue particulière* semblable à l'algèbre; elle a composé la sienne des signes les plus simples, tels que crochets, parenthèses, abréviations, etc. En les employant, on est dispensé de détails qui paraîtraient fastidieux dans le langage ordinaire ; et leur présence dans l'énoncé d'un titre supplée tantôt à une omission, tantôt à un défaut de développement.

* A. A. Barbier. Avertissement du catalogue des livres de la bibliothèque du Conseil d'État. Paris, an XI, in-fol.

Pour abréger l'analyse des titres, pour économiser le temps et la place, on se sert ordinairement, dans les catalogues ou annonces de livres, de diverses abréviations, pour désigner le format, les qualités ou la condition d'un ouvrage, la manière dont il est relié, sur quel papier il est imprimé, etc. Comme ces abréviations ne sont pas connues de tout le monde, qu'un assez grand nombre de personnes se trouveront embarrassées pour les expliquer, et qu'il est important de les connaître, nous avons pensé qu'il serait agréable aux amateurs d'en avoir l'explication.

Nous allons les indiquer ici :

Tableau des abréviations bibliographiques

868.	pour	1868.
805-840. . . .	—	1805 à 1840.
s. l. n. d. . .	—	sans lieu ni date.
T. *ou* tom . .	—	tome.
V. *ou* vol . .	—	volume.
A	—	anno ou année.
app.	—	appendice.
Amst	—	Amsterdam.
Aug.-Vind. .	—	Augustæ-Vindelicorum.
Harn	—	Harniæ.

Lips . . . . . pour Lipsiæ.
Lugd. . . . . — Lugduni.
Lugd.-B. . . — Lugduni-Batavorum.
form . . . . . — format.
f. ob. *ou* form. obl. format oblong.
f. atl . . . . . — format atlantique.
f° *ou* in-fol . — in-folio.
4° *ou* in-4° . — in-quarto.
8° *ou* in-8°. . — in-octavo.
12 *ou* in-12 . — in-douze.
in-24. . . . . — in-vingt-quatre.
in-32. . . . . — in-trente-deux.
in-64. . . . . — in-soixante-quatre.
supp . . . . . — supplément.
éd. . . . . . . — édition.
goth . . . . . — gothique.
g. p. *ou* gr. pap. grand papier.
p. méd. . . . — papier médium ou moyen.
p. p. . . . . . — petit papier.
p. v. . . . . . — papier vergé.
p. vél. . . . . — papier vélin.
p. de H . . . — papier de Hollande.
gr. marg. . . — grandes marges.
l. r. . . . . . — lavé réglé.
pp . . . . . . — pages.
ff . . . . — feuillets.
br. . . . . . . — broché.
broch. . . . . — brochure.
cart. . . . . . — cartonné.
cart. Brad . . — cartonnage Bradel.
d. rel. *ou* dem.-rel. demi-reliure.
anc. rel . . . — ancienne reliure.
m. ant. . . . — maroquin antique.
m. b . . . . . — maroquin bleu.
m. cit . . . : — maroquin citron.
m. n . . . . . — maroquin noir.

m. r . . . . . pour maroquin rouge.
m. v . . . . . — maroquin vert.
m. viol. . . . — maroquin violet.
m. d. L . . . — maroquin du Levant.
m. d. d. m. . — maroquin doublé de maroq.
m. d. d. t . . — maroquin doublé de tabis.
p. d. t. d. R. — peau de truie de Russie.
c. d. R. . . . — cuir de Russie.
v. b . . . . . — veau brun.
v. éc . . . . . — veau écaille.
v. f. . . . . . — veau fauve.
v. fil . . . . . — veau filets.
v. jas. . . . . — veau jaspé.
v. m . . . . . — veau marbré.
v. p. . . . . . — veau porphyre.
v. r. . . . . . — veau racine.
vél . . . . . . — vélin.
vél. de H . . — vélin Hollande.
parch . . . . — parchemin.
b. ou bas . . — basane.
ch. m . . . . — charta magna.
f. d. . . . . . — filets dorés.
f. d. s. l. p. . — filets d'or sur les plats.
f. comp . . . — filets à compartiments.
dent . . . . . — dentelle.
dent. int. . . — dentelle intérieure.
p. f. ou pet. f. — petits fers.
à fr. . . . . . — à froid.
d. s. t . . . , — doré sur tranche.
tr. dor. . . . . — tranche dorée.
tr. cis . . . . — tranche ciselée.
tr. r . . . . . — tranche rouge.
tr. m . . . . . — tranche marbrée.
tr. p . . . . . — tranche peigne.
n. rog . . . . — non rogné.
c. et ferm . . — coins et fermoir.

front. gr . . . pour frontispice gravé.

tit. r. et n . .   — titre rouge et noir.

c. f . . . . . .   — *cum figuris,* avec figures.

fig. s. b . . .   — figures sur bois.

fig. col. . . .   — figures coloriées.

pl. enl. . . .   — planches enluminées.

portr. . . . .   —ʼ portrait.

vign . . . . .   — vignettes.

qq. mouill. .   — quelques mouillures.

mouill. et piq.   — mouillures et piqûres.

MSS . . . . .   — manuscrit.

ms . . . . . .   — manuscrits.

autog. . . . .   — autographe.

sig . . . . . .   — signé *ou* signature.

Quelques exemples :

855-867, 12 vol. 4º d. rel. et c. m. r. t. d. n. r.

1855 à 1867. 12 volumes in-quarto, demi-reliure
et coins maroquin rouge, tête dorée, non rogné.

563. 8º. anc. rel., m. r. d. d. m. n., dent. int., f.
comp. s. l. p. tr. dor. (Bel exempl.)

1563. 1 volume in-octavo, ancienne reliure, maroquin rouge doublé de maroquin noir, dentelle
intérieure, filets à compartiments sur les plats,
tranche dorée. (Bel exemplaire.)

835. 4 vol. in-12, dem.-rel. m. b., tr. p. (qq.
mouill.)

1835. 4 volumes in-douze, demi-reliure maroquin
bleu, tranche peigne. (Quelques mouillures.)

DES SIGNES DISTINCTIFS

DES ANCIENNES ÉDITIONS

OMME les premiers livres imprimés sont d'un grand prix aux yeux des amateurs, un bibliophile doit s'attacher à connaître les anciennes éditions, de manière à ne pas les confondre avec celles d'une date moins reculée. Les signes auxquels on reconnaît ordinairement ces éditions, lorsqu'elles sont sans date, se trouvent dans un ouvrage de Sébastien-Jacques Jungendre, intitulé : *Disquisitio in notas characteristicas librorum a typograhiæ incunablo ad an. M. D. impressiorum*, etc., 1740, in-4°. Voici ces signes :

1° *L'absence des titres sur une feuille séparée.*

Ce signe d'ancienneté n'est point équivoque, car ce n'est que vers 1476 ou 1480 qu'on a commencé à imprimer les titres des livres sur un feuillet séparé ; et les titres des chapitres se voyaient déjà dans les *Épitres de Cicéron*, de 1470.

2° *L'absence des lettres capitales au commencement des divisions.*

Dans les premiers temps de l'imprimerie, les imprimeurs laissaient la place en blanc, et les acheteurs faisaient ensuite remplir ce VUIDE par des calligraphes qui y plaçaient la lettre initiale, accompagnée de quelque miniature ou d'ornements en or et en couleur.

3° *La rareté de ces mêmes divisions.*

4° *Le non emploi des virgules et des points virgules.*

Ce signe paraît équivoque ; car la virgule est très ancienne et a été imitée des manuscrits. On la distingue dans les premières éditions, souvent figurée par une ligne oblique. Jungendre a voulu probablement parler de la forme de la virgule qui a varié et qui ne se place pas de même chez les différentes nations. Les Allemands, les Suisses et les Anglais la mettent sans espace, immédiatement après le mot. Les Espagnols et les Italiens la fixent entre deux espaces inégaux, et dont le premier est moins étendu que l'autre.

5o *L'inégalité et la grossièreté des types.*

Cette inégalité et cette grossièreté ne subsistèrent pas longtemps : peu à peu les caractères se perfectionnèrent, et nous voyons sur la fin du xve siècle des éditions bien préférables aux éditions de plusieurs imprimeries modernes.

6o *Le manque de chiffres au haut des feuillets ou des pages, et celui des signatures et des réclames au bas.*

L'usage des chiffres, signatures et réclames, bien qu'étant d'une date antérieure à la découverte de l'imprimerie, n'a été employé dans l'imprimerie qu'en 1470.

7o *La solidité et l'épaisseur du papier.*
8o *Le défaut du nom d'imprimeur, du nom de la ville et de la date de l'année.*
9o *Enfin la grande quantité d'abréviations.*

On pourrait encore ajouter à ces signes, dit Peignot, quelques autres marques qui

19

n'appartiennent qu'aux éditions du xvᵉ siècle, telles que des points carrés, des traits
obliques en place de points sur les *i,* des
signes particuliers d'abréviation, comme z
pour *et ;* neq3 et quib3 pour *neque* et
quibus ; des *q* avec une croix placée au bas
de la branche perpendiculaire de cette
lettre pour exprimer *quam* ou *quod* *, etc.,
etc.; mais en général tous ces signes sont
quelquefois fautifs, il faut être versé dans la
bibliographie pour en faire une application
toujours juste et concluante.

* On peut, à cet égard, consulter les *Miscella-*
nées bibliographiques (1878), pages 19 à 34.

DE LA CONNAISSANCE ET DE L'AMOUR

DES LIVRES

DE LEURS DIVERS DEGRÉS DE RARETÉ

E chapitre ayant été traité par Cailleau, dans son *Dictionnaire bibliographique*, il nous a paru curieux de le reproduire ici. Près de quatre-vingts ans se sont écoulés depuis que ce savant bibliographe a écrit cet essai; on verra que, si la mode change, les ouvrages rares il y a un siècle sont encore rares aujourd'hui; et que le titre *très rare*, que l'on prodigue trop souvent pour des ouvrages dont la mode fait le prix, ne doit être donné qu'à des ouvrages dont la rareté est indiscutable.

Il n'est pas toujours facile de trouver des livres, souvent la difficulté d'en découvrir certains, en fait *la rareté*; elle croît et décroît en raisons égales, selon la diversité *des temps, des lieux* et *des personnes.*

Tel livre aujourd'hui sera *très commun,* qui, dans dix ou vingt ans, sera *très rare,* ou peut-être dans peu. Tel autre se présentera chaque jour chez l'étranger que l'on chercherait vainement en France. Le troisième ne saurait échapper à la vigilance d'un homme dont les correspondances s'étendent jusqu'au bout de l'Europe; tandis qu'il est inaccessible pour celui dont les liaisons ne vont pas au delà des bornes de sa patrie.

Les inclinations des hommes étant variées, presque tous agissent par des motifs différents.

Les uns ne désirent absolument un livre que pour le lire attentivement, le consulter sur le sujet qui les occupe, y avoir recours au besoin, s'en servir enfin; aussi l'amour des livres n'est-il véritablement estimable qu'autant qu'on sait les apprécier, les lire en philosophe, distinguer ce qu'il peut y avoir de bon d'avec ce qu'ils peuvent contenir de mauvais, et qu'on les possède pour les autres autant que pour soi-même.

D'autres n'aspirent au plaisir d'avoir des livres que dans la vue d'enrichir leur cabinet, d'y entasser les sciences à prix d'argent, et souvent même, esclaves de la vanité, pour orner ces mêmes livres de magnifiques reliures, et pour le seul plaisir de les contempler sans oser les ouvrir.

Selon nous, les premiers ont des ressources beaucoup plus étendues que ceux-ci : les bibliothèques publiques ou particulières sont autant de trésors pour ceux qui ont la liberté d'y puiser, dans l'espoir d'y rencontrer l'objet de leurs désirs.

Les derniers n'envisagent au contraire ces précieux dépôts qu'avec envie ; ce sont pour eux autant de fâcheuses prisons qui détiennent en captivité les auteurs qu'ils voudraient faire passer sous leur domination, autant d'abîmes affreux qui engloutissent pour toujours les ouvrages les plus rares et les plus curieux : ils leur présentent incessamment de nouveaux obstacles dont ils ne triomphent qu'à force d'argent et de difficultés.

Les bibliothèques passagères leur sont plus supportables, parce qu'elles atteignent ordinairement leur période au décès de leurs possesseurs, et qu'étant ensuite exposées au gré des acheteurs, ils trouvent ainsi la facilité de se procurer les livres qui conviennent le plus à l'accroissement de ceux qu'ils ont déjà.

Comme les grandes bibliothèques ne sont que des assemblages très médiocres auprès de cette multitude de livres que la presse enfante depuis son invention, il arrive souvent que l'on cherche en vain divers ouvrages ; soit parce qu'il en existe si peu d'exemplaires que l'acquisition en est moralement impossible ; soit parce que les copies en ont été dispersées à la longue, qu'elles se dérobent insensiblement aux yeux des amateurs, ou qu'elles sont presque entièrement sorties du commerce.

De là vient qu'un livre peut *être commun* dans les bibliothèques publiques, et qu'il soit fort rare dans celles particulières ! Par exemple, les *Acta Sanctorum* des Bollandistes doivent occuper une place dans toutes les bibliothèques publiques ; mais il est difficile de les trouver dans celles particulières, à cause du grand prix, qui met ordinairement un frein à la cupidité.

Nous concluons de tout cela, qu'il y a *deux sortes de livres rares* : les uns qui le sont absolument par eux-mêmes, vu le peu d'exemplaires qu'il y en a eu d'imprimés ; et les autres qui ne le sont qu'à certains égards.

La rareté des premiers *est absolue ;* celle des derniers n'est que *relative* : c'est à ces deux chefs que se rapportent toutes les règles concernant la rareté des livres et des éditions.

Il ne faut pas confondre les ouvrages mêmes avec les diverses éditions qu'on en a faites. Un livre peut être très facile à trouver, dont il y ait des éditions très rares, ainsi qu'on le verra dans le cours de cet essai.

DES LIVRES
DONT LA RARETÉ EST ABSOLUE

DE CE NOMBRE SONT :

1º *Les Ouvrages dont on n'a tiré que très peu d'exemplaires*

On ne doit pas se laisser tromper par une trop grande crédulité. Dans la préface des *Considérations sur les coups d'État*, de Gabriel Naudé, imprimées à Rouen en 1630, in-4º, on a assuré qu'il n'en avait été imprimé que douze exemplaires. Cependant de Colomiez nous apprend, dans son *Recueil de Particularités*, qu'il y en a plus d'une centaine. Voyez *Colomesii Opera* Hamb., 1709, in-4º, page 326.

2º *Ceux que l'on a supprimés avec beaucoup de rigueur*

La suppression d'un ouvrage n'en cause pas toujours la rareté ; au contraire, elle le fait rechercher avec tant de cupidité qu'il se trouve souvent des libraires avides de gain, assez hardis pour le mettre de nouveau sous la presse, dans l'espoir d'un prompt débit ; mais l'édition supprimée devient infailliblement rare, soit qu'on en ait sauvé une portion, soit qu'elle ait été confisquée chez l'imprimeur.

3° *Ceux qui ont été entièrement détruits par quelque accident funeste*

Les flammes qui dévorèrent la maison de *Jean Hevelius* détruisirent en même temps tous les exemplaires de ses ouvrages, et surtout la seconde partie de sa *Machina Cœlestis*, qui aurait été réduite au néant, s'il n'en eût donné quelques exemplaires à ses amis avant cet incendie.

4° *Ceux dont on n'a imprimé qu'une partie et qui n'ont pas été achevés*

Cela arrive ordinairement quand l'éditeur ne trouve pas le moyen de faire achever son ouvrage ; il ne saurait le mettre en vente : il n'y a qu'un connaisseur ou amateur à qui il appartient d'en sauver quelques copies pour en prévenir la destruction totale.

20

5° *Ceux imprimés sur du papier beaucoup plus grand que celui dont on s'est servi pour le reste de l'édition ou sur du papier vélin*

On tire quelquefois d'un ouvrage, cinquante exemplaires, et même davantage, sur du grand papier ou sur du papier vélin ; mais ce nombre n'est pas suffisant pour empêcher qu'ils ne soient infiniment rares dès qu'ils sont sortis du magasin du libraire. La force du papier, sa beauté, et encore plus la grandeur des marges les font rechercher avec tant d'empressement par les curieux que souvent ils ne mettent point de bornes au prix qu'ils y attachent.

6° *Les exemplaires d'un ouvrage imprimé sur du vélin*

Ces livres sont ordinairement très rares et très recherchés, parce qu'on n'en tire ordinairement que deux ou trois, vu qu'ils montent à un prix excessif.

7° *Les anciens manuscrits, avant ou après l'invention de l'imprimerie*

Ces manuscrits originaux font la richesse des Bibliothèques. Ils sont ordinairement sur du vélin, et ne peuvent manquer d'être recherchés, surtout lorsqu'ils sont ornés de miniatures et de lettres peintes en or, et qu'elles sont bien conservées.

DES LIVRES
DONT LA RARETÉ EST RELATIVE

LES LIVRES QUI N'INTÉRESSENT QUE PEU DE PERSONNES OU QUELQUES-UNES EN PAR-TICULIER SONT DE CE NOMBRE :

1⁰ *Les grands ouvrages*

Les grands ouvrages sont communs dans les grandes bibliothèques, où ils trouvent leur place naturelle ; mais, comme les connaissances de la plupart de nos savants sont plus étendues que leur fortune, il en est peu qui puissent ou veuillent en faire l'acquisition : tels que les *Acta Sanctorum*, les Conciles, la grande Bibliothèque des Pères, la *Bibliotheca Maxima Pontificia* de Rucaberti, la *Gallia Christiana*, et autres semblables, sont autant de piliers de bibliothèque, qui ne se trouvent pas facilement ailleurs.

2° *Les pièces volantes*

Dès leur naissance, les pièces volantes se perdent dans les bibliothèques pour en prévenir la destruction.

3° *Les histoires particulières des villes*

L'histoire d'une ville n'intéresse proprement que ses habitants : elle trouve peu d'amateurs étrangers ; aussi est-elle ordinairement rare partout ailleurs.

4° *Les histoires des académies et sociétés littéraires*

Les histoires des académies et sociétés littéraires ne sont pas non plus du goût de tout le monde ; le sujet en est trop particulier.

5° *Les vies des savants*

La vie d'un homme de lettres n'est ordinairement qu'une petite pièce qui se perd ; ou, si elle forme un gros volume, peu de personnes veulent en faire la dépense. L'éditeur ne s'en défait que lentement ; elle se cache peu à peu, et ne se trouve que difficilement après plusieurs années.

6º *Les catalogues des bibliothèques publiques et particulières*

Les catalogues des bibliothèques particulières tombent entre les mains de tant de personnes qui les méprisent, qu'il est comme impossible qu'ils se conservent entiers sous leur domination. Nous en exceptons cependant les catalogues des fameuses bibliothèques dont les livres ont été vendus publiquement et auxquels on a ajouté les prix. Ces derniers ont une certaine valeur pour les amateurs et les bibliographes. Ceux des bibliothèques publiques composent des *in-folio* qui entrent en partie dans les grandes bibliothèques, et, ne trouvant pas beaucoup d'amateurs parmi les particuliers, deviennent rares avec le temps. Ajoutons que l'on n'en tire souvent que peu d'exemplaires, ou qu'ils ne sont jamais exposés en vente.

7º *Les livres de pure critique*

Comme les critiques sont en très petit nombre, il arrive que les livres écrits uniquement pour eux se répandent dans divers pays, et deviennent enfin généralement rares.

8° *Les livres d'antiquités*

Ces livres sont ordinairement enrichis de figures représentant des vases, des statues, des médailles, etc., etc. Ces figures, surtout les premières épreuves, en rehaussent considérablement le prix. Les planches s'usent, on les retouche, et elles n'ont plus qu'un faible mérite; enfin elles se perdent avec le temps, ce qui fait qu'on ne réimprime ces sortes d'ouvrages que très difficilement. Ajoutons que le nombre d'exemplaires que l'on en tire, ainsi que de tous les livres dont on parle, est ordinairement calculé sur le goût particulier des acheteurs, ce qui les rend plus ou moins rares.

9° *Les livres qui traitent des arts curieux*

Les livres de musique, de peinture, sculpture, alchimie, etc., ne conviennent qu'à un certain nombre de curieux. Ils se répandent dans les maisons où l'on cultive

ces arts, et sortent enfin du commerce
ordinaire des livres qui sont à l'usage des
savants ; aussi ne les rencontre-t-on qu'avec
difficulté dès qu'ils sont une fois dispersés.

10º *Les livres écrits en langues peu connues, ou ceux*
d'un style macaronique ou corrompu à dessein

Les livres des Rabbins, des Caraïtes,
Arabes, Persans, Grecs, sans version, qui
ne conviennent qu'à très peu de savants,
sont très rares.

Merlin Cocaye ou Théophile Folengio,
Antoine *de Arena Passavantius*, ou plutôt
Théodore de Bèze, nous ont donné des
ouvrages macaroniques, qui sont aussi
fort rares et fort recherchés lorsqu'ils sont
de la bonne édition.

LES LIVRES CONDAMNÉS

1º *Les livres qui traitent des arts superstitieux*

Les livres de géomancie, chiromancie,
physionomie et métoposcopie, magie,
cabale, etc., ne sont faits que pour une
petite portion de superstitieux ou de
badins. Les vrais savants les méprisent ;

mais les personnes qui y prennent plaisir les paient quelquefois fort cher et les conservent précieusement ; ce qui fait qu'ils ne paraissent pas souvent dans les ventes publiques, et qu'ainsi ils sont rares.

2º *Les livres paradoxes et hétérodoxes*

Ces livres sont ordinairement défendus ou supprimés, ce qui les fait rechercher, et en augmente le prix ; car il est des esprits bizarres qui se lassent des routes ordinaires et dévorent avec un tel empressement les ouvrages qui s'en écartent qu'une édition est bientôt éparse et comme perdue dès qu'ils cherchent à s'en emparer, ce qui en cause infailliblement la rareté.

3º *Les livres obscènes*

Ces sortes de livres se vendent ordinairement en cachette et ne conviennent qu'à peu de gens ; aussi ces livres ne se trouvent-ils que très rarement dans les bibliothèques des curieux, et sont tellement dispersés qu'il n'est pas facile de les rencontrer.

4° *Les livres séditieux, ou préjudiciables à la société, les satyres et libelles diffamatoires*

Ces ouvrages, infectés pour l'ordinaire d'horreurs et de malignités, trouvent toujours assez de curieux parmi ceux qui se plaisent dans le désordre, pour avoir un prompt débit; mais comme ils sont supprimés dès leur naissance, ils ne sauraient être longtemps communs, et deviennent bientôt rares.

DES ÉDITIONS
DONT LA RARETÉ EST RELATIVE

UN LIVRE PEUT ÊTRE TRÈS COMMUN DONT IL Y AIT DES ÉDITIONS TRÈS-RARES ; DE CE NOMBRE SONT :

1° *Les éditions faites sur des manuscrits anciens*

Quoique ces anciennes éditions soient souvent défectueuses, elles sont partout recherchées, parce qu'elles représentent en quelque sorte les manuscrits qui leur ont servi de modèle : il suffit qu'il y ait longtemps qu'elles aient vu le jour, et qu'il

21

ne s'en soit conservé qu'un petit nombre d'exemplaires, pour qu'elles soient rares.

2° *La première édition de chaque ville*

Comme il y a peu de villes où l'impression n'ait été établie depuis fort longtemps, ces premières épreuves se sont perdues; on les recherche par curiosité, parce qu'elles peuvent servir à éclaircir différents points de l'histoire littéraire.

3° *Les éditions faites chez les célèbres imprimeurs des XVIe, XVIIe et XVIIIe siècles*

La beauté du type, l'exécution typographique même et l'exactitude de l'ouvrage les font rechercher avec empressement, telles que celles de l'impression des *Aldes*, des *Juntes*, des *Torrentins*, des *Giolito*, des *Gryphes*, des *Rouilles*, des *Estiennes*, des *Vascosan*, des *Turnèbes*, des *Dolet*, des *Elzeviers*, des *Plantin*, des *Blaeu*, des *Coustelier*, des *Barbou*, des *Baskerville*, des *Didot*, etc. On apprend facilement à les connaître, en parcourant les grandes bibliothèques, qui sont autant de réceptacles où l'on conserve précieusement ces chefs-d'œuvre de l'art typographique.

4° Les éditions imprimées avec des lettres ou des caractères particuliers et extraordinaires

Les éditions grecques imprimées en lettres capitales, comme l'Anthologie, Callimaque, Apollonius de Rhodes, Euripe, etc. Les deux éditions des *Aventures du Chevalier Teurdanck,* imprimées en Allemagne en 1516 et 1517, *in-folio,* dont les caractères, ornés de traits, font croire qu'ils ont été taillés en relief sur des planches, et les autres de cette trempe sont très rares, très curieux et très difficiles à trouver.

5° Les éditions que l'on n'a jamais mises en vente

Tels sont les ouvrages secrets qui sortent des presses impériales, royales ou nationales, et de celles particulières.

6° Les éditions qui ont été débitées sous différents titres

C'est un stratagème auquel le libraire

ou l'auteur ont souvent recours lorsqu'ils veulent déguiser un ouvrage qu'ils ne peuvent débiter publiquement ou dont ils ne trouvent pas à se défaire; et cette remarque n'est pas à négliger.

ESS*A*I

SUR LES MOYENS DE DÉTACHER
ET DE LAVER LES LIVRES

ET SUR LA RÉPARATION DES PIQURES DE VERS, DES
DÉCHIRURES ET DES CASSURES DANS LE PAPIER, AVEC
APPENDICE SUR LE NETTOYAGE ET LA RESTAURATION
DES VIEILLES RELIURES.

CE chapitre, nomenclature techno-logique, bien plus aride que ceux qui l'ont précédé, n'en intéressera pas moins tous les amis des livres.

On peut diviser les taches qui salissent les livres en deux catégories :

Les taches grasses, produites par l'attou-chement des doigts, le suif, l'huile, la graisse, l'encre d'impression, etc.

Les taches maigres, produites par l'eau, la poussière, l'humidité, l'encre, etc.

Ces deux catégories peuvent être subdivisées en quatre classes :

Taches grasses.
{
Taches de suif, de stéarine, de graisse.
Taches produites par l'attouchement des doigts, l'huile, l'encre d'imprimerie.

Taches maigres.
{
Taches de rouille, de boue, de cire à cacheter.
Taches d'encre usuelle, d'humidité, de poussière.

Une grande précaution doit être prise pour dérelier les volumes que l'on veut laver ou nettoyer, afin que, une fois le lavage terminé, on ait entre les mains un exemplaire que le relieur puisse bien relier sans être obligé de doubler le fond de chaque cahier.

Dans les volumes cousus sur nerfs, comme pour les autres volumes, on doit faire entièrement le sacrifice de la reliure de l'ouvrage que l'on veut nettoyer. Le plus modeste cartonnage vaut le meilleur remboîtage.

Après avoir enlevé les plats et le dos de la reliure on coupe avec attention chaque nerf du dos, l'un après l'autre, en ayant soin de ne couper que les fils et le nerf et de ne pas atteindre le papier. Un emplâtre de colle de pâte, que l'on met sur le dos du volume ainsi dépareillé de ses nerfs et que l'on laisse ainsi cinq minutes, aide à l'enlèvement de la colle forte et par suite au débrochage du livre.

Laver un livre page par page, sans le dérelier, est impossible. On n'obtient alors qu'un affreux bouquin, tout boursouflé ; le remède est pire que le mal.

Il arrive quelquefois qu'une page seule est tachée ; il existe alors un moyen facile, pour quiconque le connaît, de retirer cette page de façon à ne pas courir le risque de couper ses voisines. C'est à M. Alkan aîné que nous devons communication de ce petit secret ; nous lui en adressons ici nos remercîments et ceux des bibliophiles à qui ce procédé pourra être utile. Le voici : On mouille un fil que l'on fait glisser dans l'intérieur du volume sur le feuillet qu'on veut faire sortir, et on l'en détache avec la plus grande facilité.

TACHES GRASSES

Taches de suif, de stéarine, de graisse

Pour enlever les taches de suif, de stéarine, de graisse, on opère comme nous l'indiquons ci-dessous :

Faire chauffer, au moyen d'un fer à repasser, la partie de la feuille qui est tachée, et appliquer du papier brouillard sur cette partie, à diverses reprises, jusqu'à ce qu'il s'imprègne de graisse. Ensuite on passera légèrement (sur les deux côtés de la feuille) et, bien entendu, toujours aux endroits tachés, un pinceau trempé dans l'essence de térébenthine (que l'on a eu soin de choisir bien blanche et bien fraîche), chauffée au bain-marie jusqu'à l'ébullition. Pour rendre la blancheur au papier, laquelle a été altérée par cette opération, on applique, partout où il y avait tache, un linge doux, imbibé d'esprit-de-vin rectifié et, comme l'essence, chauffé au bain-marie.

Taches produites par l'attouchement des doigts

Les taches produites par l'attouchement des doigts, par l'huile, par l'encre d'imprimerie, offrent plus de difficultés pour les faire disparaître.

Plusieurs auteurs ont indiqué différents procédés dont nous nous sommes servi et avec lesquels nous avons complétement réussi. Mais nous ne devons pas laisser ignorer que, dans les premiers temps, nous n'avons pas obtenu de résultats satisfaisants, et que ce n'est qu'à force de pratique et de patience que les procédés suivants nous ont entièrement réussi.

Voici ce que dit Achard au sujet de *taches produites par l'attouchement des doigts :*

« On peut recouvrir la feuille tachée, aux endroits crasseux, d'une couche de savon blanc en gelée, et on la laisse dans cet état pendant quelques heures. Il est rare que, en la frottant ensuite avec un blaireau très doux ou avec une éponge trempée dans l'eau chaude, toute la crasse ne soit

22

pas entraînée, surtout quand le papier est lisse et sans écorchure.

« Si le savon en gelée ne suffit pas, on le remplace par le savon noir; mais on le laissera peu de temps sur le noir d'impression. On peut enfin recourir au chlorure de chaux (appliqué en bouillie) ou aux solutions alcalines affaiblies. En tous cas, après ces tentatives (qui amènent toujours un grand résultat), on trempera l'estampe (ou le feuillet) dans l'eau acidulée, puis on la laissera quelques heures dans un bain d'eau pure. »

Taches d'huile

Pour les taches d'huile, outre le procédé de Achard, ci-dessus, et qui peut leur être également appliqué, on procède de la manière suivante :

Savon	une livre.
Argile	neuf onces.
Chaux vive	deux onces.

Mêler le tout avec de l'eau, de façon à former une bouillie, ni trop liquide ni trop épaisse, et l'appliquer sur la tache; un quart d'heure après, tremper la feuille dans un bain d'eau chaude, l'y laisser une demi-heure, la retirer et la faire sécher.

Taches d'encre d'imprimerie

Dans l'enlèvement des taches produites par le maculage ou par l'encre d'imprimerie, — l'emploi de la gomme pour dissimuler l'accident du maculage n'a d'autre résultat que de rendre l'impression illisible.

Au contraire, l'emploi d'un petit morceau de pain frais, avec lequel on frotte *légèrement* sur l'endroit sali, après avoir eu soin de changer le pain au fur et à mesure qu'il se salit, donne de bons résultats. C'est encore un *secret* que nous devons à l'obligeance de M. Alkan.

Jusqu'à ce que l'on puisse enlever complétement ces taches, procédé que nous nous empresserions d'indiquer dans nos « *Miscellanées Bibliographiques* », on peut dire qu'un ouvrage maculé n'a aucune valeur, et nous conseillons aux bibliophiles de n'en faire acquisition à aucun prix. Si bon marché qu'il puisse être, un livre dans un tel état est toujours trop cher.

Un éditeur parisien, à la fin de son catalogue, dans un sage « *avis aux bibliophiles sur le maculage des livres* », leur a réitéré la recommandation que nous leur avions faite dès la première édition des *Connaissances nécessaires*, c'est-à-dire d'attendre deux ans au moins avant de faire relier les livres nouveaux, ou dans le cas contraire, exiger du relieur qu'il les interfolie de papier serpent.*

TACHES MAIGRES
Taches de rouille

Par taches de rouille nous entendons parler des taches produites par le jaunissement du papier fabriqué à la mécanique. On peut appeler ces taches, taches de rouille, puisqu'elles sont dues, non à une altération de la matière organique, mais à du peroxyde de fer. Ces taches persistent

---

* Ils (les relieurs) y mettent du papier serpent, afin que le texte ne soit pas gâté par le maculage.
(LESNÉ, *La Reliure,* page 151.)

en présence des liqueurs alcalines, tandis que les liqueurs acides les dissolvent rapidement. Nous ne nous occuperons pas de la formation des taches rondes qui se trouvent au milieu des taches jaunes ; ce phénomène de cristallisation rentre trop dans le domaine de la science, que nous ne voulons qu'effleurer ici.

L'emploi de l'eau de javelle étendue de deux fois son volume d'eau fait disparaître ces taches.

Cette opération, si simple qu'elle paraisse être, présente assez de difficultés dans son exécution pour que nous croyions devoir en parler plus longuement.

Tout d'abord on doit se procurer une presse et une bassine dont nous allons donner les descriptions.

La presse la plus commune — en bois — est celle qui remplit le mieux le but. La bassine doit avoir de 0,80 à 1 mètre de long ; en tous cas, la largeur de la presse, entre les deux montants, doit être au moins égale à la plus petite largeur de la bassine, — de façon que l'on puisse placer sous presse les feuilles contenues dans cette bassine sans avoir besoin de les déplacer. Cette bassine doit avoir, dans un des quatre angles inférieurs, une ouverture, ou mieux, un goulot qui se ferme par un bouchon. Après avoir laissé tremper les feuilles pendant une demi-heure environ dans l'eau de javelle (étendue, comme nous l'avons dit plus haut, de deux fois son volume d'eau), on met la bassine sous la presse, et au moyen de billots, — dans le cas où les feuilles ne forment pas une hauteur assez grande pour que le plateau de la presse puisse les atteindre sans abîmer la bassine, — on forme une élévation entre les feuilles et le plateau de la presse, puis on met sous presse. Par le moyen de l'ouverture pratiquée à la bassine, on écoule le liquide dans un vase quelconque. Une fois le pressage opéré de façon que les feuilles ne contiennent que le moins de liquide possible, on les met dans une autre bassine remplie d'eau ; et, au bout d'une heure, on les remet sous presse comme il est indiqué ci-dessus. Cette seconde opération doit se faire de deux à trois fois ; elle est nécessaire pour que le papier conserve le moins possible l'odeur de l'eau de javelle.

Après ces diverses opérations de lavage et au sortir de la presse, les feuilles doivent être étendues à l'ombre et dans un endroit sec. Ordinairement, le nombre des feuilles à étendre ensemble, c'est-à-dire l'une sur l'autre, dépend de la force du papier ; c'est à l'opérateur de s'en rendre compte. On se sert, pour l'étendage de ces feuilles, de cordes en crin* disposées à une certaine hauteur et sur lesquelles on place les feuilles à califourchon au moyen d'une planche fixée verticalement au bout d'un manche quelconque, assez long pour que l'on puisse placer les feuilles sur les cordes sans aucune difficulté et sans crainte de déchirer le papier.

Une fois les feuilles séchées, et si l'on veut faire un bel exemplaire du livre que

---

* Quelques personnes emploient les cordes faites avec de la filasse de chanvre. Ces cordes ont l'inconvénient de se pourrir très vite et, ce qui est pire, de tacher les feuilles que l'on y place.

l'on lave, on doit lui faire subir une autre opération au moyen de l'encollage. Nous indiquons plus loin quelques procédés d'encollage à chaud et à froid.

Taches de boue

Les taches de boue cèdent à une gelée de savon étalée également sur les endroits tachés. Une demi-heure après, on trempe la feuille dans l'eau pure, et, au moyen d'un blaireau bien doux, on détache le savon, qui, en partant, entraîne la boue avec lui.

Taches de cire à cacheter

Les taches de cire à cacheter cèdent à l'emploi des procédés indiqués plus haut pour les taches de suif, de stéarine et de graisse.

Taches d'encre usuelle

Un grand nombre de procédés sont connus pour l'enlèvement des taches d'encre. Nous n'indiquerons que les deux qui nous ont paru offrir le moins de difficultés dans l'exécution.

. Le premier consiste dans l'emploi de l'eau de javelle et de l'oxalate de potasse, dont on se sert simultanément jusqu'à parfaite réussite, et après avoir préalablement mouillé la feuille sur laquelle on opère.

Le second demande plus d'attention : il consiste dans l'emploi du sel d'oseille, et de l'acide chlorhydrique. On laisse tremper le feuillet taché dans une dissolution concentrée de sel d'oseille jusqu'à ce que la tache ait pris la couleur de la rouille ; ensuite, on le trempe dans l'acide chlorhydrique étendu de cinq ou six fois son volume d'eau. Le feuillet ne doit pas rester longtemps dans cette seconde immersion, sans cela le papier pourrait se déchirer par suite de l'amollissement qu'il aurait subi. On termine l'exécution de ce second procédé en lavant le feuillet dans l'eau pure et en le faisant sécher lentement et à l'ombre.

On peut encore enlever les taches d'encre au moyen de l'acide muriatique oxygéné ; mais ce procédé offre plus de

23

difficultés que ceux indiqués ci-dessus, et nous n'en parlons que pour mémoire.

En Allemagne, on vend une poudre pour enlever les taches d'encre. Cette poudre consiste en parties égales d'oxalate de potasse, d'acide oxalique et d'alun glacé. Son emploi est simple : on la place sur la tache, que l'on a mouillée au préalable, et quelques minutes après on trempe le feuillet dans l'eau pure. Il est vrai de dire que ce procédé n'est pas infaillible et que quelquefois la tache n'est pas complétement enlevée ; il suffit de recommencer la même opération jusqu'à parfaite réussite.

Taches d'humidité

Un bain dans l'eau bouillante suffit quelquefois pour enlever les taches d'humidité : mais, si elles résistent, il faut employer l'acide chlorhydrique étendu de dix-huit fois son volume d'eau, ou bien encore le procédé indiqué pour les taches de rouille que nous avons décrit plus haut. Dans ces deux derniers cas, si le papier taché a été encollé (si toutefois il l'est) en pâte, à la résine, son encolle résistera, mais s'il a été encollé à la gélatine il perdra cette encolle animale et on devra recourir à l'encollage pour lui rendre la force qu'il aura perdue par l'action de l'acide chlorhydrique ou de l'eau de javelle.

Taches de poussière

Les taches de poussière et autres taches sans importance s'enlèvent quelquefois au moyen d'un coup de gomme. On peut recourir aussi à l'emploi de la terre bolaire blanche (argile obtenue en poudre fine au moyen de la dilatation). On procède comme suit : mettre sur les endroits tachés une couche de terre bolaire de l'épaisseur d'un centime, placer dessus une feuille de papier et mettre sous presse. Au bout de vingt-quatre heures, et si l'opération n'a pas réussi, on remet une seconde fois sous presse. Ce procédé réussit aussi pour enlever les petites taches de graisse, d'huile ou de suif ; dans ce cas, on procède de même, en ayant soin de mettre de la terre sur les deux côtés de la tache.

Manière de nettoyer les estampes jaunes et rousses

A la fin de son « Histoire de la gravure par ses produits », Leber donne le procédé que nous allons indiquer ci-dessous et qui est tout semblable, ou à peu près, à celui de Hecquet dont parle Grimm dans ses *Nouvelles littéraires*, procédé qui a été reproduit dans nos *Miscellanées bibliographiques* (1878, page 49).

La couleur jaune des estampes provient de ce qu'elles ont été imprimées avec de l'encre dont l'huile n'a pas été assez brûlée; l'huile alors coule à côté de la taille et jaunit le papier ; cet accident peut même se produire très peu de jours après l'impression.

Quant à la couleur rousse, elle est produite par l'effet de l'air ou de la fumée. Le procédé indiqué ici fait disparaître ces deux couleurs et n'altère en rien la gravure ni le papier.

On remarquera, toutefois, qu'il vaut mieux choisir la saison d'été pour nettoyer les gravures, parce que, le soleil ayant plus de force, l'opération se fait plus promptement.

On dresse au soleil une table dont les côtés sont garnis de petits clous de distance en distance, on recouvre la table de papier blanc, et sur ce papier on place ses estampes, puis on attache aux clous, des deux côtés de la table, des fils qui retiennent les estampes, en sorte que le vent ne peut les enlever, ensuite on verse dessus de l'eau bouillante en la répandant également sur toute la surface.

Les estampes étant exposées au soleil, les parties élevées sèchent les premières : il en résulte que le papier se recoquille ; alors on prend une éponge fine et on se sert de l'eau qui est dans les creux pour en mouiller les endroits qui sèchent. Après avoir versé de l'eau bouillante trois ou quatre fois on voit la couleur jaune ou rousse s'étendre sur le papier, puis finir par disparaître entièrement.

Après avoir fait subir aux estampes cette première opération, on les met dans un baquet bien propre et capable de contenir la plus grande ; ensuite on verse de l'eau bouillante, mais, avant de verser cette eau, il faut couvrir les estampes d'une ou deux feuilles de papier très fort, pour que cette eau versée sur des estampes déjà mouillées ne les déchire pas ; puis on couvre le baquet avec un linge pour condenser la chaleur.

Après 5 ou 6 heures, la rouille qui tachait les estampes, se dissout dans l'eau ; alors, on les retire de l'eau et on les place sur des cordes tendues au soleil, jusqu'à ce qu'elles soient bien égouttées. On les ôte à moitié sèches, et on les étend adroitement entre deux cartons lisses, que l'on met sous presse.

Il arrive presque toujours qu'après cette opération les estampes reprennent leur première blancheur ; mais s'il restait encore de la teinte jaune ou rousse, en recommençant le lendemain, le succès serait assuré. Pour enlever les taches d'encre, de suie, ou les taches d'humidité, il faut placer les estampes à plat dans un vase de terre, et verser dessus, de manière à les recouvrir

de quelques millimètres, une solution
d'acide tartrique à 2 o/o dans l'eau commune. Cette solution doit être chauffée
jusqu'au moment où elle est prête à bouillir,
puis on la jette sur les estampes. Après quoi
on les lave à l'eau filtrée, dans le vase
même où elles ont reçu la solution; si les
taches paraissent encore il faut renouveler
l'opération, mais il est rare qu'elles ne
disparaissent pas entièrement après la
première. On les retire et on les fait sécher
comme nous avons dit plus haut.

Pour enlever les taches de graisse, de
cire, d'huile, etc., chauffez légèrement
l'estampe tachée et enlevez le plus que
vous pourrez du corps gras, avec un
papier brouillard; ensuite trempez un
pinceau dans de l'essence de térébenthine presque bouillante et promenez-le
doucement. Quand l'essence a pris la
graisse, trempez un second pinceau dans
l'esprit de vin à 42 degrés bien rectifié
et promenez-le doucement sur la tache,
surtout sur les bords, pour enlever ce qui
en reste; par ce procédé employé adroite-

ment la tache disparaîtra, le papier aura conservé sa blancheur et l'impression n'aura nullement souffert.

Nous devons ajouter, toutefois, qu'il vaut mieux garder une estampe avec des taches légères, surtout lorsque le papier a une teinte blonde uniforme, que de la blanchir, comme font certains vandales du métier.

LAVAGE ET ENCOLLAGE DES LIVRES

Lavage

Nous avons parlé du lavage des livres à l'article ci-dessus (Taches de rouille). C'est le seul procédé à employer. Il y a bien le lavage fait au moyen d'une lessive faite de cendre de bois de chêne ; mais, outre la difficulté du procédé, il faut une grande habitude pour son emploi, sous peine de faire couler l'encre d'impression et de gâter entièrement un livre qui, bien que mouillé et taché, a toujours quelque valeur, puisqu'au moyen de procédés simples et pratiques on peut en faire un bel exemplaire.

Encollage

L'encollage peut se faire de deux manières : à froid ou à chaud.

L'encollage à froid est d'une grande utilité pour les petits travaux, pour les feuilles séparées : par exemple, le faux titre d'un livre imprimé sur papier sans colle et sur lequel on veut inscrire une dédicace.

Pour faire cette encolle, on prend 10 grammes de gélatine blanche que l'on verse dans un demi-litre d'eau chaude. Une fois refroidie, cette encolle peut servir chaque fois que l'on en a besoin.

L'encollage à froid peut encore se faire de la manière suivante :

On met chauffer dans un vase quelconque un litre d'eau potable. Aussitôt que l'eau est bouillante, on y met 40 grammes de gomme laque en poudre ; dès que ce mélange renfle, on remue avec une spatule en bois et on y ajoute 8 grammes de borax, qui doivent suffire pour faire complétement fondre la gomme laque et la transformer en colle. Il faut observer que

24

plus on mélange le borax, plus la colle est épaisse. Une fois refroidie, passée au tamis (pour éviter les grumaux), cette colle peut se conserver indéfiniment sans éprouver la moindre altération.

Pour l'encollage à chaud, on prend:

6 gr. pour un litre d'eau, alun cristallisé.
8 gr.   id.   colle de poisson.
1 gr.   id.   savon blanc.

On fait bouillir le tout (au bain-marie) pendant une heure, on passe au tamis, on verse cette colle dans une bassine en tout semblable à celle décrite plus haut, et on y place les feuilles, les unes après les autres, ayant soin que toutes s'imprègnent bien. On met sous presse. L'étendage des feuilles encollées doit se faire immédiatement après les avoir retirées de dessous la presse. Il faut le faire avec un grand soin et les disposer comme il est dit pour les feuilles lavées à l'eau de javelle.

APPENDICE

PROCÉDÉS DIVERS POUR L'ARRANGEMENT ET
LA RESTAURATION DES ESTAMPES ET DES
LIVRES, PAPIER ET PARCHEMIN, TRADUIT
DE L'ITALIEN DE GONDELLINI (NOTIZIE
STORICHE DEGLI ITAGLIATORI)

I

DU DÉDOUBLAGE DES ESTAMPES

LES amateurs de gravures ont souvent le besoin ou le désir *d'enlever les estampes des cartons, des tables en toile sur lesquels elles sont collées.* On met d'abord les estampes qu'on veut enlever ainsi dans un vase de terre cuite, de bois ou de cuivre, assez grand pour les y étendre commodément. Puis on y verse de l'eau plus que tiède, dans laquelle on laisse l'estampe jusqu'à ce qu'elle soit bien trempée. On l'enlève alors en se servant d'un petit couteau fort plat en ivoire pour la séparer avec plus de netteté et de facilité.

On met ensuite l'estampe sur une toile étendue, ayant soin de l'essuyer avec une petite éponge très douce, aux endroits où elle pourrait être un peu trop humectée ou avoir été salie. Puis on la couvre avec la même toile. On a soin que l'estampe et la toile ne s'attachent pas l'une à l'autre ; et au moment où on les retire, on fait attention à rajuster l'estampe si elle est déchirée.

Si l'on veut ensuite *appliquer les estampes sur le carton ou sur la toile,* on les étend ou sur le papier royal, ou sur une toile, qui doivent être préparés et coupés avec le plus grand soin possible.

On étend l'estampe de manière à pouvoir y répandre la colle également, et on répand celle-ci avec la plus grande exactitude. Quand les extrémités de l'estampe sont bien couvertes de colle ainsi que le reste, on l'étend d'une manière égale sur le papier ou la toile préparés. La toile ne doit pas être entièrement sèche au moment où elle reçoit l'estampe. Si on se sert du papier royal, il faut, outre qu'il ne doit pas être tout à fait sec, l'examiner et avoir soin de n'y laisser aucun pli ni nœud qui puisse empêcher de l'appliquer avec la justesse nécessaire.

Après avoir appliqué l'estampe, on la touche avec une éponge légèrement humectée, pour que l'estampe et le papier se joignent mieux.

On les laisse pendant quelque temps à l'ombre, et quand ils ont commencé à sécher on les presse avec la main, sous laquelle on met une feuille de papier blanc. Puis on les met sous une petite presse. A mesure qu'ils sèchent, ils se joignent plus fortement.

II

RACCOMMODAGE DES ESTAMPES

Pour *les estampes qui ont des défauts ou qui sont déchirées,* une manière de les raccommoder est de reprendre le dessin avec la plume, en ayant devant les yeux l'estampe entière, en employant l'encre de Chine que l'on tempère de manière à lui donner le ton du vernis du graveur. Cette manière est en même temps la plus belle et la plus difficile, parce qu'elle exige le dessin, la connaissance du graveur et la patience. B. Giuzeppe della Santa a laissé beaucoup de mémoires, de renseignements dans les estampes et les livres imprimés et manuscrits qu'il a merveilleusement réparés et refaits au naturel.

Une autre manière moins difficile, mais pénible, est de raccommoder les estampes par des morceaux d'autres estampes abîmées. On remarque ce qui manque dans l'estampe à réparer et on cherche dans un grand nombre de morceaux celui qui convient le mieux pour le remplacer; si le défaut existe dans les draperies, il est plus facile d'y remédier; s'il se trouve dans les chairs, il est plus difficile de trouver un morceau convenable; on cherche, autant qu'il est possible, celui qui s'accorde le mieux, et puis on met la colle sur l'envers de l'estampe, à la place que doit remplir le morceau, et on y applique ce dernier en rendant les cartons, autant qu'il se peut, invisibles.

On peut encore réparer ainsi une *estampe déchirée*; on prépare une colle extrêmement légère et tenace, pour laquelle on prend six onces de sucre qu'on met pour le purifier dans un vase de cuivre. Lorsqu'il est parfaitement purifié, on y met de la colle d'esturgeon qu'on y laisse bouillir jusqu'à ce qu'elle soit entièrement délayée. Puis on prend toute la matière et on s'en sert au besoin.

Quand on veut raccommoder l'estampe déchirée, on enduit légèrement les coutures de la déchirure avec cette colle et on a le plus grand soin de les joindre exactement; on les tient ainsi jointes jusqu'à ce que la colle soit parfaitement sèche.

On fait peut-être mieux encore en étendant la colle sur une plaque de marbre, on l'humecte avec la salive, on touche les extrémités du papier et on les rejoint.

III

RÉPARATION DE LA DORURE DES ANCIENNES RELIURES ET DE CELLE DES MANUSCRITS

Fabbroni que nous avons eu l'occasion de citer, page 97, nous enseigne à réparer la dorure des anciennes reliures et celle des manuscrits[*] ; nous n'avons pas connaissance que ce procédé ait été mis au jour depuis longtemps et il nous a paru trop intéressant pour négliger d'en faire part aux bibliophiles. Avec quel plaisir un amateur pourra désormais réparer une riche reliure, et rendre à un manuscrit sa fraîcheur primitive !

[*] Voyez : *Nuove Giornale dei letterati di Pisa.* Ann. 1806, art. 12, fol. 418 et la continuation au nº 13, art. 52, fol. 11.

« Il y a eu et il y a encore, surtout à Rome, dit-il, des hommes qui imitent si bien les anciennes manières d'écrire et d'imprimer qu'il est difficile de distinguer l'original d'avec la copie. Pietro Ciatti y excella surtout. Il était parvenu à imiter les anciennes dorures sur les livres, par un secret qu'il communiqua en mourant et que le gouvernement de Toscane a rendu public. Voici deux manières qui ont réussi dans les beaux ouvrages de Ciatti :

On commence par préparer un mordant destiné à recevoir et à retenir fortement la feuille d'or. Il consiste ici dans un mélange d'une composition acide et d'un fluide glutineux ; la première donne du corps, l'autre de la ténacité et de la consistance.

Pour former la première, on prend :

Gypse fin.	34 parties
Sucre cristallisé	12 —
Vermillon ou du soufre de merum de la meilleure qualité. . . . :	6 —
Bol d'Arménie	3 —
Carbure de fer	2 —
Miel	1 —
Sel ammoniac ou muriatique.	1 —

25

Il faut ajouter un peu d'eau au plâtre fin et au sucre et les porphyriser longtemps. On triture également ensemble les autres ingrédients avec une quantité convenable d'eau.

On réunit ces deux parties de la composition séparément broyées et on les broie de nouveau ensemble.

On met de suite le mélange sur un plat de verre ou bien de porcelaine ; on le laisse sécher et on le garde en poudre, pour s'en servir au besoin après l'avoir délayé dans la colle qui se prépare de la manière suivante :

Avec quatre onces et dix-huit deniers d'eau pure, on mêle douze deniers de sucre candi et autant de gomme arabique très claire ; on ajoute deux deniers de miel et deux deniers de lait de figue.

Dès que la dissolution s'est effectuée, on filtre le mélange et on y ajoute autant d'eau et de colle de poisson, que l'on prépare comme il suit :

Dans une livre d'eau, on verse huit deniers de colle de poisson coupée en très petites parties, puis on laisse bouillir le tout jusqu'à ce qu'il soit diminué de moitié ; et, pendant qu'il bout, on y met deux deniers de sel ammoniac pulvérisé.

Pour préparer maintenant le mordant, on prend, de la composition sèche que nous avons indiquée, la quantité que l'on juge suffisante ; on verse dessus à peu près le double de la colle ou autant qu'il en faut pour couvrir la quantité employée.

On agite fortement le mélange dans un vase dont la capacité est plus que suffisante pour le contenir, et on le laisse reposer encore quarante-huit heures.

Pendant cet espace de temps, on remarque dans le vase une espèce de fermentation, qui se renouvelle quelquefois à trois ou quatre reprises et augmente le volume de la matière ; c'est pourquoi il faut avoir la précaution de prendre le vase d'une capacité suffisante.

La fermentation terminée, il se forme un sédiment et il surnage une matière jaune, liquide, qui semble être de l'huile. On détache cette matière et on l'enlève avec une cuiller, afin de rendre moins liquide le reste du mélange qui est le mordant destiné à recevoir l'or.

Le liquide séparé se garde dans un vase bien fermé; on s'en sert pour donner ou rendre au mordant la facilité de couler sur la plume, comme le demande l'opération.

Lorsqu'il s'agit de faire des traits subtils, le mordant doit avoir la fluidité de l'encre ordinaire; lorsqu'au contraire on a de grandes lettres à faire, il est bon de le rendre plus épais; mais, dans tout cas, il est nécessaire que le mélange coule avec facilité, et cela s'obtient en ajoutant une seule goutte de fiel.

On comprend facilement qu'au moment où l'on se sert de ce mordant il est nécessaire de l'agiter avec une spatule, avant d'y tremper la plume ou le pinceau, avec lequel on veut faire l'opération sur le papier ou le parchemin où il laisse des traits lisses et clairs qui sèchent lentement.

Il ne faut pas attendre le dessèchement complet pour y appliquer l'or, parce qu'il ne s'attacherait pas aux extrémités des

traits; mais il faut cependant que ces derniers ne soient pas trop frais, ce qui
pourrait défigurer le travail.

Le moment le plus convenable pour
l'application de l'or est quand on voit le
mordant commencer à perdre la clarté de
sa fraîcheur; on jette alors sur les traits
un peu de fleur de lys et on y applique la
feuille d'or qu'on presse avec un coussinet
bien doux.

Il est nécessaire d'appliquer une seconde
feuille sur la première, pour remplacer les
vides que celle-ci aurait pu laisser.

Enfin, lorsque le mordant est parfaitement sec, il brunit, et on obtient un travail
solide et beau, qui n'est pas inférieur à
l'ancien s'il ne le surpasse pas.

On prépare un autre mordant avec bien
plus de facilité mais il est moins parfait.

On prend une quantité convenable de
blancs d'œuf et on ajoute par œuf trois
deniers de sel ammoniac et autant de sucre
cristallisé en poudre.

On laisse ce mélange pendant quelque
temps dans un vase de verre.

Le blanc d'œuf perd sa consistance naturelle, et alors il est facile de le passer par un morceau de toile, et après par une feuille de papier.

On ajoute à cela encore une petite dose de colle de poisson et on lui donne du corps par les ingrédients secs indiqués ci-dessus.

L'une et l'autre composition servent à faire des dorures flexibles sur le papier et sur le parchemin.

Quand le parchemin est d'une mauvaise qualité, comme l'est ordinairement celui que l'on prépare maintenant, il faut avoir la précaution d'employer plus de colle dans le mordant et de laisser le parchemin séjourner vingt-quatre heures dans une dissolution aqueuse d'alun; après quoi on l'étend sur une table pour le sécher, ayant grand soin de ne pas l'endommager en aucune manière.

Quand il est parfaitement sec, on met dessus une feuille de papier, sur laquelle, et non pas sur le parchemin, on passe, en appuyant fortement avec un polissoir d'agate ou d'ivoire bien lisse.

IV

RESTAURATION DES PIQURES DE VERS, DES DÉCHIRURES ET DES CASSURES DANS LE PARCHEMIN ET DANS LE PAPIER.

Jusqu'ici on a fait, on refait les lettres dorées ou arabesques sur les livres de papier ou de parchemin; il s'agit de restaurer également les parties gâtées ou rognées par l'humidité ou d'une manière quelconque.

Pour cela on cherche, dans une quantité de morceaux de parchemin, celui dont l'épaisseur, la couleur, etc., approchent le plus de celui qu'on veut réparer.

Ce morceau doit toujours être plus grand que la partie qu'il s'agit de restaurer.

L'un et l'autre se coupent en sens opposé avec un fer tranchant et d'une forme convenable.

Après cela, il faut avoir une colle d'amidon mêlée avec une de colle de poisson et de chaux de coque d'œuf pulvérisée, pour donner au mélange la consistance d'un onguent tendre.

On étend de cette pâte le moins possible sur les deux morceaux, le vieux et le neuf, et sur-le-champ on applique l'un sur l'autre.

On met ensuite la partie raccommodée entre deux morceaux de toile fine, et on la porte sous une presse, où on la laisse jusqu'à ce que les jointures aient un peu séché; après quoi on les presse avec un couteau d'ivoire, afin que les deux morceaux se pénètrent mutuellement.

Quand la partie réparée est presque complétement sèche, on la place entre deux feuilles de papier, sur lesquelles on passe, en tirant les jointures et en rasant, une baguette d'ivoire pour rendre la surface aussi unie et aussi plane que possible.

Si l'on fait tout ceci avec l'attention et l'adresse que cette opération demande, on ne reconnaîtra plus la partie que l'on a soi-même restaurée.

On répare encore avec la même facilité, mais de deux manières différentes, les livres et les estampes de papier : l'une consiste à unir et à ajuster les marges; l'autre se fait par la superposition, comme on a enseigné de le faire pour le parchemin et les membranes.

Cette seconde manière, qui est moins élégante, s'emploie seulement lorsque le papier est trop déchiré et trop faible pour permettre l'insertion.

La première est toujours préférée lorsque le papier est assez ferme, car cette manière est bien plus élégante et moins visible.

Pour effectuer la réparation avec le moyen indiqué ci-dessus, qui est le meilleur mais le plus difficile, on choisit *d'abord un morceau de papier semblable à celui de la page que l'on veut réparer, et quant à l'épaisseur, et quant au grain et à la couleur;* et, si la couleur n'est pas semblable, on parvient facilement à la rendre telle en trempant le papier dans une préparation convenable.

On coupe de ce papier un morceau de la grandeur et de la forme justes de la partie à raccommoder.

26

Ceci, quelque difficile qu'il semble, se fait aisément en mettant le papier choisi sur la partie endommagée et ayant seulement soin de le placer sur la direction de ses rides ou de ses raies.

Après cela, on fait avec un tire-marge ou une plume trempée dans l'eau de gomme le contour de la partie endommagée, quelque irrégulière qu'elle soit.

On met de suite ce papier choisi, ainsi dessiné ou trempé, avec le contour nécessaire, sur une table et, en tirant soigneusement dans tous les sens les extrémités des morceaux, on en sépare tout ce qui se trouve de superflu à l'entour.

Le morceau reste, de cette manière, non-seulement de la forme et de la grandeur voulues, mais encore entouré de filaments ou de poils, qui aident singulièrement à le coller sur le papier, à raccommoder et à bien joindre les deux papiers.

Pour coller le morceau nouveau sur le vieux, on s'y prend absolument de la façon déjà indiquée pour les vélins.

Il est inutile d'observer que la réparation

des livres imprimés est, à cet égard, la
même que celle des manuscrits ; parce que
ces livres sont ou de papier ou de parchemin.

V

PROCÉDÉ POUR RENOUVELER UNE ESTAMPE ET LA TRANSPORTER D'UNE FEUILLE SUR UNE AUTRE.

Quoique l'encre d'imprimerie soit inat-
taquable aux oxygènes, on peut l'enlever du
papier au point de porter une taille-douce
d'une feuille sur une autre, comme on
transporte également les peintures à l'huile
d'une toile sur l'autre.

Ce procédé pouvant faire partie des
réparations, puisqu'il arrive quelquefois que
l'on veuille suppléer une partie d'estampe
défectueuse, je vais l'indiquer en peu de
mots.

Ce procédé, pour transporter les peintures à l'huile, consiste à coller une feuille

en toile, avec la gélatine sur la face de la peinture, et à mouiller de suite, avec de l'esprit de térébenthine, l'envers de la même peinture pour en amollir l'empreinte. Lorsque l'on sent que l'empreinte s'est détachée de la toile, on enlève doucement un bord, et en continuant on la sépare entièrement de la peinture.

On applique de suite, sur l'empreinte fraîche et tendue encore, la nouvelle toile qu'on a préparée d'avance; elle s'y attache légèrement, et on la laisse pendant quelque temps sans y toucher.

Quand l'empreinte a repris de la fermeté, on mouille avec de l'eau chaude, la toile ou le papier collé sur la peinture, dont il se détache sans l'endommager en rien.

Voici la manière de renouveler une feuille d'estampe ou d'en transporter l'empreinte, qui du reste se trouve en sens contraire, à moins que l'on répète l'opération, ce que l'encre ne supporterait pas.

On prépare d'abord une lessive avec 168 parties d'eau, 48 parties de cendre pure de sarment ou de chêne, 10 parties de chaux vive et 2 parties de savon fort et tendre.

On laisse reposer pendant deux heures tous ces ingrédients mêlés ensemble ; après quoi on les fait bouillir jusqu'à ce que le volume ait diminué d'un tiers.

On filtre alors et on conserve le fluide dans un vase bien clos pour s'en servir au besoin.

On prend l'estampe dont on veut transporter l'empreinte et on la met sur une plaque de verre dont les bords sont garnis d'une couche de cire, ou bien dans une casserole, ayant attention que l'empreinte soit du côté de l'opérateur, et on verse sur celle-ci la quantité nécessaire pour la couvrir de la lessive indiquée.

Sur une plaque de la même grandeur on étend avec la paume de la main un peu de savon tendre, de manière à l'oindre légèrement.

Lorsque l'estampe se trouve baignée assez longtemps pour que l'encre se détache, ce qu'un œil exercé reconnaîtra facilement, on l'enlève de la lessive et on l'étend sur une feuille de papier gris (qui boit), en y appliquant le côté blanc, et cela seulement pour lui ôter l'humidité superflue.

Lorsqu'elle est suffisamment sèche, on l'enlève du papier gris et on l'étend sur le verre indiqué, enduit de savon, en y appliquant le côté de l'empreinte.

Puis on la lève doucement et on la porte sur la nouvelle feuille, en y appliquant également l'empreinte.

On met dessus une feuille de gros papier et on la porte sous presse; après quoi on relève, en commençant par l'extrémité, la vieille feuille, qui, si l'on s'y prend adroitement, se sépare entièrement de l'empreinte qui reste attachée à la nouvelle feuille.

VI

AUTRE MOYEN DE RENDRE LA FRAICHEUR AUX ESTAMPES, SUIVANT LE PÈRE ORLANDI

Cette manière est facile, mais moins élégante que celles que nous avons indiquées.

On prend :

Noix de galle d'Istrie broyée, 6 onces.

Eau ordinaire, 9 livres.

On laisse reposer l'infusion 24 heures et on y met de suite l'estampe, qu'on lave avec l'eau indiquée.

TABLE DES MATIÈRES

	Pages.
Etablissement d'une bibliothèque d'amateúr. — Conservation et entretien des livres.	1
Du format des livres.	37
De la reliure des livres.	55
Moyens de préserver les livres des insectes.	91
Des souscriptions et de la date.	109
De la collation des livres.	121
Des abréviations usitées dans les catalogues pour indiquer les conditions.	130
Des signes distinctifs des anciennes éditions.	135
De la connaissance et de l'amour des livres. — De leurs divers degrés de rareté	139
Moyens de détacher et de laver les livres. — Réparation des piqûres de vers, des déchirures et des cassures dans le papier, avec appendice sur le nettoyage et la restauration des vieilles reliures.	157
Appendice. — Procédés divers pour l'arrangement et la restauration des estampes et des livres, papier et parchemin.	179

27

AVIS IMPORTANT

*Le plan détaillé de l'*Histoire des Bibliothèques *particulières, que nous annoncions
à la troisième page de cet ouvrage, comme
devant se trouver ici, n'ayant pu être encore
publié, par suite de circonstances indépendantes
de notre volonté, est sous presse et paraîtra
dans quelques jours. Il sera adressé gratis et
franco, à toute personne qui en fera la demande.*

Le Bouquiniste Parisien

CATALOGUE MENSUEL

DE

LIVRES ANCIENS

ET MODERNES

QUI SE TROUVENT EN VENTE AUX PRIX MARQUÉS

A LA

Librairie Édouard ROUVEYRE

1, rue des Saints-Pères, 1

PARIS

ACHAT — ÉCHANGE — VENTE — EXPERTISE

☞ Histoire des Religions, Sciences occultes, Mnémonique, Beaux-Arts, Musique, Linguistique, Théâtre, Géographie ancienne et moderne, Histoire des villes et des anciennes provinces de France, Noblesse, Archéologie, Bibliographie, Histoire de l'Imprimerie, Céramique, Histoire de France, etc.

☞ Livres curieux et singuliers.

☞ Suite de figures pour servir à l'illustration des livres.

☞ Anciennes vues de villes de France, par Chastillon, Silvestre, etc.

MM. les Amateurs avec lesquels nous avons l'honneur d'être en relation sont priés de nous communiquer les noms et adresses des personnes que nos catalogues peuvent intéresser.

ACHEVÉ D'IMPRIMER

SUR LES PRESSES DE

DARANTIERE, IMPRIMEUR A DIJON

le 25 janvier 1879

POUR

ÉDOUARD ROUVEYRE

LIBRAIRE ET ÉDITEUR

A PARIS

www.ingramcontent.com/pod-product-compliance
Lightning Source LLC
Chambersburg PA
CBHW061451030726
47503CB00005B/1671